原來如此

幸福是樂齡者唯一的任務

王浩一

詩序 只要有一隻貓

◎王曙芳（能量心理治療講師、作家）

當你的鼻尖輕觸
牠濡濕的鼻頭
貓的親吻到此為止

貓頭鷹站在樟樹枝
對鵝黃的月亮
呼喚誰：
Hu～Hu～Hu～
悠長的單音劃過夜空
像黑白底片的刮痕

一隻又一隻貓咪
蜷縮在你兩腿之間
低喃愛：
Purrrr～Purrr～Purrr～
共鳴跌蕩成柔軟的浪
搖晃你入夜的搖籃

幸福被煮開了，沸騰著
一鍋熱稀飯，舀些柴魚鬆
饅頭如果夾蛋一定要撒胡椒
新種的紫藤終於爬上架子
總有一些微不足道的事
守護著你生活的滋味

但是只要有一隻貓依偎著你
你就
　哪裡也不能去
　哪裡也不想去
你的心被溫柔摩擦
起了毛球
繫在貓的項圈上
鈴鐺的聲音真好聽

守護貓咪的睡眠
是你此刻獨一無二的
幸福任務

詩序

原來如此

◎許悔之（詩人、藝術家、有鹿文化社長）

蚯蚓繼續翻身於土壤
豆花開了
絲瓜累累於棚架
以鋤翻土
四周是早晨的清風與陽光
蟲鳴傍彿從昨夜傳來
疊沓此時之鳥叫

鋤地，剪枝，拔草
耕讀並且思想
打開電腦寫作
字裡行間

乃呼吸和汗
陪伴所愛之人
身旁還有犬貓
傍晚時分
摘了一些九層塔
來炒蛋

時間愈到傍晚
一壺茶
如此清閒自適
時光啊愈到秋天
一棵楓樹

愈是黃金燦爛
你的胸中
任朝陽與霞光
依序放散
所以你慢慢寫了一本書

隱逸之思
無非耕作時
好好鋤地
僅此一念而已
天地大美
乃因造化棄聖絕智
自然，而然
你想說者莫非我之所想

啊心是一方田地
可以種作
時光四季之收成
生生不息的願想

幸福是樂齡者唯一的任務
啊原來
原來如此

自序

每一朵玫瑰都有自己的荊棘

一

我以為每個人都是一株好看的玫瑰，飄逸著不同的香氣，只是日子過著過著，我們被自己的、他人的荊棘刺傷了，也不知不覺刺傷了別人。關於「荊棘」的文學象徵：美好與痛苦並存。對於太美好的東西，總有相對應的付出與成本。

年輕時，我為了綻放玫瑰最繽紛的顏色，有了「愈漂亮的東西，愈耐人尋味的念頭」；有了「愈有難度的任務，愈想挑戰完成的勇敢」。對於愛情也是一樣，當你擁抱了最美的那株紅玫瑰，要天堂做什麼？後來，才知道了看似溫柔的玫瑰，往往附有尖銳的棘刺。

中年時，我懂得「戴上璀璨鑽石的手指，也是被玫瑰刺傷的手指」。開始選擇聞著玫瑰花香即可，這個距離剛剛好，有仙香但不會被刺痛。

退休後的樂齡日子，我不再擁抱玫瑰，也不再抹上玫瑰的柔和芳香，只是偶爾在寫詩時，它才會出現身影。每一朵玫瑰，如同我們的生命中，都有自己的荊棘，會刺傷人也會自傷。走過自己的三個生命境界，有了一層一層的理解，這個樂齡階段，我已經戒掉「美好」，「幸福」是唯一的任務。

歲月長河裡，我們都在經歷喜歡與否的事、諸多情緒的事、周旋人際的事……懂得要面對、勉力要學習、明心要放下、選擇要超越……所謂雲淡風輕，平凡自在……我想，幸福都在認同自己不再是一株玫瑰之後，才會擁有。

二

一位海外朋友來信，她說近日參加「大人社團」講堂，聽著關於我的易經課程「樓梯微響・姤卦」的講解，心有戚戚焉。她分享自己與先生的故事，三十年前兩人的戀情公開後，立刻遭遇婆婆的反對。徬徨之中她去卜卦，得了「姤卦」。她說，如今聽著我娓娓解說這姤卦六根爻辭前因後果，像極了自己三十年來的婆媳問題。

聽課之中，她同時思索著三十年來，與婆婆之間的關係，也包含如何跟她互動。如今，多年後的現在，「我也饒了自己，不再想要討好她。我的婚姻很穩固，聆聽之中，我對應著每根爻義，思考著三十年來，我是哪裡做對了？或者做錯了？」

她說：「這是個很奇妙的卦，聽了，心曠神怡。」最後補說：「尋思我如果知道危機來了，因而放棄這段姻緣的話，現在我會走向那一條路？而當時，我選擇了這一條路，因此轉機也來了，我終於變成今天的自己，婆婆變成我的大貴人——磨刀石的貴人。啊！好棒的講解。」

姤卦，是相遇的卦，是人之間的遇合、相處與離散的道理。課堂之中，我說了預見、不見、難見，自然就會見的情境。

我回信謝謝她的分享。信中，我多說了一些卜卦的技術與哲理，也說了卜卦算命裡的「變卦」意義。所謂變卦的爻辭，往往含有易經建議「非常值得前往的方向」，或是告誡卜卦者「未來可能的發展」。「我不知道，當年幫你卜卦的人怎麼跟你解卦或是建議……」不論如何，恭喜她婚姻生活的現狀與自信。

生活中如果遇事了，不去卜卦，不去偷窺「自己的未來」，我以為那也是一種「勇敢」。我會卜卦，但不自卜，以為「人生本來就是摸著石頭過河的」，有些遭遇事過境遷，當我們到了彼岸，才領悟到「原來如此」，這不是很棒嗎？

與婆婆三十年之間，經過梳理後，她說「心曠神怡」，其實就是一路以來「起伏或跌宕，你有觀想與付出，如今『姤道』圓滿地走了一圈，不問對錯」。有些冗長的事件，當情緒淡了，也放過自己了，那些不愉快經歷通過了印證，內心會有舒服喜悅，如釋重負的生命之輕。

最後我回信，人生永遠在輾轉前進之中，總會有「遺憾哲學」。有遺憾是本能，如何讓遺憾減少，則是本事。我們永遠揣測著：如果我當時怎麼樣，現在應該會是這麼樣吧？其實，它（遺憾）才是修練與學習的主題，有時候，我們是來學習錯誤的，然後放過自己。

三

二〇二二年底，星期五下午與舊友在大安捷運站附近的 PuiBui Café 聊天。這樣的單獨深談，沒有時間壓力的機會不多。她開心地說著剛回來的北海道旅行見聞與美食，我笑說你應該趕快追劇《初戀》，愛情故事的場景，就在北海道四季，你看了一定更有感覺。我的話題則是最近「浩克慢遊」的太魯閣之行、鹽埕之行的趣聞。

她點了拿鐵咖啡，我的咖啡是音樂家系列巴哈，甜點則是岩漿起司蛋糕、布朗尼。隱約知道她的身體有點狀況，但是今天氣色很好，臉上掛著甜甜笑意，露出許久不見的小酒窩。

我沒詢問她身體近況，彼此只聊著近來的大小事情。

話說三十七歲的王陽明，得罪了大太監劉瑾，被貶謫到了貴州龍場，他當了小小的龍場驛驛丞，那是管理驛政事務的地方基層官員。在此期間他對《大學》的中心思想有了新的領悟：心是萬事萬物的根本，世上的一切都是心的產物。

官場之餘，他寫了《教條示龍場諸生》，史稱「龍場悟道」，那是哲學史上的大事。眾多弟子對於他的「心外無物，心外無理」理論迷惑不解，向王老師請教：「南山裡的花樹，自開自落，與我心有何關係？」他回答說：「爾未看此花時，此花與爾心同歸於寂。爾來看此花時，則此花顏色，一時明白起來。便知此花，不在爾的心外。」本來花是花，你是你，可是當你看見了這株花色，你的內心已經不一樣了。

離上次見到舊友已經有一段日子，期間她發生了許多事，我也載浮載沉於工作之海。如王陽明的哲學所言，這次的見面，舊友已經不是上次見面的她，她已經又多看到新的花色。而我則多學習了一些事，我們各自增加了一些花色的觀想。這段沒有謀面期間，彼此離開認知對方的軌道，今天的三個小時天南地北長聊，也多熟悉了彼此這些日子來，各自所遇到新花色的觀點，多了疼惜與歷練。

她的健康令我掛懷，幽微的內心深處有我無法碰觸的一道線。前些日子，我寄出一部分的書稿，試圖向她邀約《原來如此：幸福是樂齡者唯一的任務》的序文。

我們的話題，終於轉到了她所看的書稿，我屏息聆聽她的讀後觀點。她婉謝了我的序文邀稿，她說曾經在哪裡看了一個關於「幸福」的故事，我好奇，請她說說看。

她說：「有一隻小狗問媽媽幸福是什麼?媽媽回答說：『幸福就是你的尾巴尖。』於是小狗試圖追逐自己的尾巴，轉幾個圈圈後，又累又喘的牠，問說怎麼努力總是搆不著。媽媽說：『你沒必要用力去追逐，只要你抬起頭，往前走，幸福就會跟著你。』」

我在網路搜尋這個寓言，發現星雲大師說過，幾個作家也寫過。關於幸福，她有自己的見解與行動，每個人也是。咖啡閒聊後，返回台南的高鐵車上，「關於她的生活與健康」，我對她的憂慮與掛念，大大地退後一步，決定逕自讓她「自己往前走」吧。幸福，就在每一個人的尾巴上。她的，我的，都是如此。

四

朋友在LINE上分享他近日的心得，說前些日子上陽明山花卉中心賞茶花，悵然花況不佳。才想起自家院子的茶花久沒巡查，次日探尋，驚喜開得出色。賞花之後，他想起王陽明晚年時的詩句「拋卻自家無盡藏，沿門持鉢效貧兒」。

意思是，明明自家有珍寶而不自知，卻傻傻地像乞丐般到處去尋找……。

詩句說得真好，這是退休之後的人們容易明白的真諦。我回信說，這個戚戚焉共鳴，前提是年輕歲月必須曾經逐花尋蜜熱情奔放，之後才能有「回到初心」的悟得。出外賞花，最終回到「自家」，怦然欣喜，原來家花更勝別人家，那是看山是山的新境界。這個感悟，連王陽明也是在晚年才能體會的。想想，如果太年輕就有此感慨，那他太矯情了，如果真有所感，那也是淺嚐新酒與微醺罷了。真正的美酒，永遠需要歲月釀泡，才能醇馥雋永。

這首詩，是王陽明寫的良知詩《詠良知四首示諸生》其中之一，全文是：

無聲無臭獨知時，此是乾坤萬有基。
抛卻自家無盡藏，沿門持缽效貧兒。

《中庸》裡面提到「上天之載，無聲無臭」至矣。無聲無臭，意思是沒有聲音與氣味，比喻湮沒不彰、默默無聞。但是「上天之載，無聲無臭」卻是說上天德性的最高境界，沒有察覺地充斥在我們的四周。

「此是乾坤萬有基」，王陽明說：「所謂人雖不知，而己所獨知者，此正是吾心良知處。」他說明「良知」是宇宙萬有的基礎、宇宙的本源。

「抛卻自家無盡藏，沿門持缽效貧兒」，說盡了年輕、壯年時，抛棄了自己內心中用之不盡、取之不竭的寶藏，卻學乞丐托著空缽挨家挨戶地乞討。王陽明說的是，日子裡，往往我們處在迷失自我的狀態，人的「良知」是內在本有、不假外求的，如果一味地外求（追逐外物），只會令人失去了自己的「本心」，反而活得像個乞丐，無依無附漂泊如萍。

本心，不會失去，只是「一時失去連結」。當樂齡者淡去了江湖倥傯，昔日紅塵已經悄然退場，「本心」會飄然歸來相聚，屆時我們恍然「無聲無臭，原來如此」，生命本來就是要走出去，磕磕碰碰，再走回原點，明白天涼好個秋。

五

山居都蘭三年了，書寫這《原來如此》期間，我屢屢回頭看看自己年輕時、中年時，日子過得匆促、凌亂，有時毫無章法。而今已非退休新鮮人，領悟漸深。觀察著當今50＋的人們，覺得他們對於未來初老的路徑，多有了以前我所沒有的深深警戒，比起上一代的初老族，他們的心理建設更早開始形成。我從樂齡大學所開的課程、自主讀書會的閱讀選擇、書市受到關注的議題等等，看到了那些「新橘色世代」人們正在眺望未來的夕陽，動手整理行李。

也發現這一代樂齡者更懂得：理解了生命知識不僅是 input 也要 output。讀了書，聽了講座，再將自己的生活思考轉換輸出。當我們把感想寫下來、講出來，才會創造真實的樂齡成長與轉折，也才會懂得沒有好事占盡的人生，人要懂得看見屬於自己的好。

有時候怎麼過一天，就是怎麼過一生。這是退休後，才漸漸領悟的哲理。我在都蘭的小日子，每天必須起床得早，先餵貓餵狗，否則那群小貓會暴動。然後到菜園澆水，順手修枝，採收蔬果，偶爾還要搶救大貓叼咬的活鳥。得閒時看書、寫書、臨近小村的微旅行；固定幾天上網授課；遠眺太平洋的海色，低頭蹲下來拔去幾株腳底的雜草……都是我的日子。

一位聰明的朋友說，退休多年的他，現在常做自我練習，就是「把每一個瞬間過成良辰，將觸目所及都化為美景」。對於「時間」的定義，他說：「它忽然而至、轟然而逝。」60＋，他更加強烈體會：「人生在天地之間，只是突然、竟然、自然而然，不斷地交會交融而已。」

原來如此

幸福是樂齡者唯一的任務

目錄

002 詩序——只要有一隻貓 ◎王曙芳
004 詩序——原來如此 ◎許悔之
006 自序——每一朵玫瑰都有自己的荊棘
020 一——在人生路上，偶爾讀首詩吧
048 二——都蘭山下，停雲歲月

070 三——水聲山色，隱居與旅行之間
097 四——心流，修剪水黃皮枝枒
128 五——常保好奇心，每個人都有魔法
149 六——幸福，就是你的尾巴尖
171 七——愛情需要學習，更需要修行
198 八——悲哀之後，幽默與豁達是解藥
217 九——那些寂寞美麗的獨立書店，有夢
240 十——閑情四事，我的幸福任務
280 十一——及時行樂，因為明日不可盡信

1 在人生路上，偶爾讀首詩吧

立冬深夜，好友于國華（北藝大副教授）在臉書貼了一篇文章，說他在法鼓山皈依了，法號「寬華」。

臉書中，他以欣喜、緣分的字眼，述說著「好像走上早已修好的道路前行，成為佛弟子」。他說緣起：三十多年在成功大學的一堂通識課，課中邀請了許多名家開講，依然記得其中兩位是曾昭旭教授與聖嚴法師，一位談「多讀幾首詞，悠遊人生路」，一位談「正信的佛教」……臉書文章中，他多談佛緣。

僅有小小篇幅，他提到「曾昭旭教授，講題『多讀幾首詞，悠遊人生路』；他談王國維的人生三境界，至今難忘。」其實關於王國維的人生三境界部分，我年輕時閱讀過，頗有觸動。而今我已是花甲以上，尚未從心所欲的大叔，重新閱讀王國維《人間詞話》的見解，心思境界不同，感觸也迥然有異，就依著這個流水，我也拋下幾朵花，讓它們隨著王國維所說的三個境界順流而去。

王國維是一位史家、國學大師，清末一八七七年出生於浙江杭州府的一個書香世家。一八七七年，光緒三年，那一年西方的英國，維多利亞女王加冕為印度女皇，聯合王國成了名副其實的大英帝國。東方的大清帝國則是慈禧太后垂簾聽政中，我想她一定羨慕維多利亞女王可以自己親政掌權……。

王國維在《人間詞話》第二十六則提到「古今之成大事業、大學問者，必經過三種之境界」。他分別借用晏殊、柳永、辛棄疾三人詞中之句來闡述。他自笑自己的見解，晏殊、歐陽脩他們肯定不同意。但是後人卻常以此三種境界，象徵奮鬥路上的心路歷程：

「昨夜西風凋碧樹。獨上高樓，望盡天涯路。」此第一境界也。

「衣帶漸寬終不悔，為伊消得人憔悴。」此第二境界也。
「眾裡尋他千百度，驀然回首，那人卻在，燈火闌珊處。」此第三境界也。

晏殊：昨夜西風凋碧樹。獨上高樓，望盡天涯路

晏殊，他是北宋的神童。七歲能文，十四歲時宰相張知白推薦了他，被朝廷賜同進士出身，意思是不用科舉考試，國二生直接錄取進士。自此官運亨通，平步青雲，後來成了年輕趙禎的太子舍人（太子的親信、小老師，也是東宮的祕書）。當時，晏殊二十八歲，趙禎才九歲（四年後，十二歲登基，史稱宋仁宗）。

當年輕的宋仁宗繼位，三十二歲的他升官為右諫議大夫兼侍讀學士。幾年後，官任禮部侍郎知審官院，接著再度遷為樞密副使（樞密使，古代官名，負責統帥全國軍政，尊稱樞相）。後來在禮部侍郎，教育部副部長職上，因為「情緒管理」不佳，被政敵舉發，垂簾聽政的皇太后把他貶謫到「應天府」宋州。

他在應天府認識了正在丁憂的范仲淹，晏殊請范仲淹掌管應天府書院，擔任國家大學校長一職。一年後，晏殊被召回開封府任職，他向宋仁宗上書舉薦范仲淹。因此，天聖六年（一〇二八），范仲淹丁憂結束，即被朝廷調升為「祕閣校理」，成為皇上的文學助理，自此范仲淹一生浩浩湯湯。晏殊成了范仲淹職場的貴人。

而晏殊的文學成就也是非凡，屬婉約派詞人，與歐陽脩並稱「晏歐」（他長了歐陽脩十六歲）。他的著作豐富，詞被譽為在北宋有承先啟後的重要地位。其中有不少膾炙人口的名句：

〈浣溪沙〉：無可奈何花落去，似曾相識燕歸來。

〈玉樓春〉：天涯地角有窮時，只有相思無盡處。

〈清平樂〉：紅箋小字，說盡平生意，鴻雁在雲魚在水，惆悵此情難寄。

〈木蘭花〉：勸君莫作獨醒人，爛醉花間應有數。

〈訴衷情〉：憑高目斷，鴻雁來時，無限思量。

關於王國維的「人生的三境界」，其中晏殊〈蝶戀花〉所寫的「昨夜西風」為秋日登高遠眺，天地蒼茫，滿目蕭瑟，不見思人，濃濃的孤獨惆悵，這是一闕表達愛情的宋詞。王國維將其「斷章取義」與「人生意義」的哲思做了連結，說的是「追求事業、學問之初的迷茫不確定階段」。晏殊的全文是：

檻菊愁煙蘭泣露。
羅幕輕寒，燕子雙飛去。
明月不諳離恨苦，斜光到曉穿朱戶。

昨夜西風凋碧樹。
獨上高樓，望盡天涯路。
欲寄彩箋兼尺素，山長水闊知何處。

記得我年輕時進入職場，自己除了荷爾蒙，什麼都沒有。外在的盔甲要「鮮衣怒馬」，內在卻是「望盡天涯路」的茫茫前途。於是我的青春歲月，一邊摸著石頭過河，一邊用笨工夫努力精進，一個階梯一個腳印緩緩前進。

三島由紀夫解釋「青春」，他說：「青春就是未得某種東西的心理狀態，於是形成渴望，形成憧憬，形成可能性。」

蘇東坡說他年輕時的治學，以讀《漢書》經驗為例，他讀了多次，把《漢書》分成治道、人物、地理等幾類，每讀一遍專門研究一個類別。幾遍之後，對書裡的方方面面，達到通徹。康熙則說他自己「少年好學、青年苦學、盛年博學、老年通學」。以王國維的「人生的三境界」論，此時的青春人生階段，正是深讀、苦學對抗茫茫天涯路，工夫下得深，自然雲消霧散，豁然開朗。

柳永：衣帶漸寬終不悔，為伊消得人憔悴

柳永是北宋著名、重要的詞人。他的作品風格，被譽同時有音律之美和鋪敘之詳。讀他的

詞，段落音律諧婉，敘事細節詳盡，善用白描手法，描寫羈旅行役之感和相思離別之情。他用清新的詞語，不用老套的辭藻，多添了自己的生命體驗。敘事與寫景，巧妙冶為一爐，把自己幽微之情融入細膩的寫景中，情感不外露，卻是微溫有韻致。

他的故事我在有鹿文化出版的《英雄多情》書中「豫卦‧陌上花開，可緩緩歸矣」篇章，已經多有介紹，不再多述。詞作有不少膾炙人口的名句：

〈八聲甘州〉：對瀟瀟暮雨灑江天，一番洗清秋。
〈鶴沖天〉：忍把浮名，換了淺斟低唱。
〈憶帝京〉：薄衾小枕涼天氣，乍覺別離滋味。
〈少年遊〉：夕陽島外，秋風原上，目斷四天垂。
〈望海潮〉：有三秋桂子，十里荷花。

關於王國維的「人生的第二境界」，柳永「衣帶漸寬終不悔，為伊消得人憔悴」說的是既然已經立志、下決心，儘管遇到各式各樣的困難，還是要堅持到底，勇於創新，不怕失敗。

柳永〈蝶戀花〉的全文是：

佇倚危樓風細細。
望極春愁，黯黯生天際。
草色煙光殘照裡，無言誰會憑闌意。

擬把疏狂圖一醉。
對酒當歌，強樂還無味。
衣帶漸寬終不悔，為伊消得人憔悴。

我年輕時幾次為情所困，總在柳永的詞文中找到慰藉。中年後，讀了他的多情多舛傳記，才得知他的創傷是科舉的不順遂，與多次旅程中告別溫柔鄉的不捨。隨著自己歲月增長，漸漸讀懂「衣帶漸寬終不悔。為伊消得人憔悴」的弦外之音。自忖當在研讀《易經》有了小小心得之後，自覺我多能聽懂別人「話中有話的意思」，甚至聽懂了「沒有說出來的話」。柳永的「終不悔」是寫情人別後相思，依舊執著追求，身形漸瘦，那是愛情的宣示。

我卻似乎理解他心思背後的人生苦悶與掙扎，非關愛情的部分。

王國維將其重新定義，多了新的觀點與哲理，賦予原詞本無關的人生意義，那是「探索追求、忍受挫折、勇往無悔的階段」。宛如在職場，處在這個尷尬中年階段，許多人一身是傷，或許是三明治中年，或許是油箱的油不多了，但是勝利是屬於堅持到底的人。這是對中年人的勵志，不要輕易放棄。

東晉的謝安，也曾向王羲之說他中年傷於哀。人生路，已經有人途中掉下馬，也有人繼續堅持。王羲之知道謝安這個「哀樂中年」感觸，不只是哀傷的情感，必也包含種種縈繞不去的思緒，他用慰藉的同理心建議他「絲竹陶寫」，音樂是解方，可以消愁解悶。王羲之長了謝安十七歲，他也回答說這是人走向晚年之前的自然現象。他說，我也有同樣的經驗，你不用擔心，這是歲月長河的撞牆期。今天，我也學著王羲之的語調，安慰、鼓勵那些困在「to be or not to be」，準備放棄的朋友。

中年謝安，一方面知道隨著年歲的逝去，一方面也因為閱歷的增加，此時，他對於外在事物的探索，已經開始轉向內心的知覺。這是人生的第二境界時會出現的困擾與突破。如果突破成功，那就是任督二脈暢通了。

話說十五歲的柳永被父親送回故鄉，讓他安分地在老家寒窗苦讀。有一天他獨遊武夷山，在中峰寺他請教了老方丈：「人生如何才能獲得最高境界？」這是大哉問，方丈慢悠悠地說：「人生第一境界是『落葉滿空山，何處尋芳跡』，第二境界是『空山無人，水流花開』，第三境界『萬古長空，一朝風月』。」小柳永不懂，追問這些禪語。

第一境界「落葉滿空山，何處尋芳跡」。滿山的落葉，你究竟要哪一片？你想要追求的東西是什麼？每個人在年輕時，有太多選擇，但是容易迷路。因為太多選擇，所以面臨太多的十字路口，對未來有了深深的迷惘。所以，在此階段，我們除了深學習之外，也在選擇方向。這個，與王國維所說的第一個境界相去不遠。

第二境界「空山無人，水流花開」。說的是我開我的花，我流我的水，管你有沒有人，都與我無關，我只用心做我自己的事情。生命經過一些事之後，開始有了「過去不算什麼」

的心思，也多了「明天會更好」的勇敢。我們已經能夠意識到生命中必然存在的「限制」，那是一件好事。有這樣自覺的我們，才能在限制裡，開創自己的自由。

王國維所說的第二境界，我的詮釋與理解：透過社會化的過程，把人類的「本我」加以限制馴服，無怨無悔，認真堅持！而老方丈所說的，則是做回自由的自己，那是不要有框架的真我。我覺得，這個境界已經比王國維所述更勝一籌了。

辛棄疾：眾裡尋他千百度，驀然回首，那人卻在，燈火闌珊處

辛棄疾是南宋的豪放派詞人、軍事家。他的故事請參看有鹿文化出版的《英雄多情》裡「訟卦．憑誰問：廉頗老矣，尚能飯否?」不在此多贅述。

歷年同情辛棄疾遭遇的人，不絕於途；欣賞他「激昂豪邁，風流豪放」的人更是絡繹不絕。他的詞作中有不少膾炙人口的名句：

〈永遇樂〉：想當年，金戈鐵馬，氣吞萬里如虎。

〈水龍吟〉：休說鱸魚堪膾，盡西風，季鷹歸未？

〈賀新郎〉：我見青山多嫵媚，料青山見我應如是。

〈醜奴兒〉：少年不識愁滋味，愛上層樓。愛上層樓。為賦新詞強說愁。

〈鷓鴣天〉：城中桃李愁風雨，春在溪頭薺菜花。

〈青玉案〉是辛棄疾的代表作之一，以「眾裡尋他千百度，驀然回首，那人卻在，燈火闌珊處」最受人矚目。翻譯如下：在眾芳裡我千百次尋找她，可都沒找著。突然一回首，那個人卻孤寂地站在燈火稀稀落落之處。他談的不是愛情，辛棄疾假借對一位排斥熱鬧、喜歡孤獨的女子的尋求，含蓄地表達了自己的高潔志向和情懷。全詞如下：

東風夜放花千樹，更吹落、星如雨。

寶馬雕車香滿路。

鳳簫聲動，玉壺光轉，一夜魚龍舞。

蛾兒雪柳黃金縷，笑語盈盈暗香去。
眾裡尋他千百度，驀然回首，那人卻在，燈火闌珊處。

王國維以此來詮釋人生第三境界：經過多年的磨練之後，人生歷練豐富，胸襟豁達，視野開闊，早年堅持的理想終於實現，總算等到否極泰來，畢生心血所鑄造的成果，甜美。一切努力時的疲憊，已經雨過天青，那是「見山是山」最後的回歸。最終知道人生有些追求，有些堅持，也有心安理得。而這個「恍然大悟」的旅程，是修行，是鍛鍊，也是一種進化。

小柳永繼續問第三境界「萬古長空，一朝風月」是什麼意思?老方丈說這個境界，我自己還在半路上：「人生何其短暫，只有超越時空的限制，才能與天地同在。於是，人需要活得瀟灑、自在、痛快，在思考中精神煥發，讓自己活得明白。」然後，我們就學會豁達，不再糾葛得失。

王國維談人生的三個境界，那是儒家思想。適合年輕求學中的于國華。

老方丈向小柳永開釋的三個境界，那是佛家思想。適合中年皈依的于國華。

借用賈島的三首詩，也說說人生三個境界

說說在西方被視為神祕之樹的橡樹，它是世上最大的開花植物，樹形優美，也是美國的國樹。種子稱之「橡實子」，心靈工坊出版的《靈魂密碼：活出個人天賦，實現生命藍圖》，（*The Soul's Code: In Search of Character and Calling*）提到「橡實理論」，作者詹姆斯・希爾曼（James Hillman）說所謂命運意識，那就是我們出生前都有不同的靈魂任務，或是稱之靈魂藍圖，當我們的生命走到某個階段，會有感召，提醒我們已經忘記的靈魂任務。

有人可能在童年時很強烈，有人則沒啥察覺，生活像是溪水的推動，不知不覺地隨流漂浮，卻在某一刻，在岸邊的某一處停住了，我們會意識到一些東西。這本書講的就是命運意識，我們非回應不可的感召。而我們每個人的靈魂藍圖，就像是不同的橡實子，注定要長成大樹……只是……。

橡樹生命期很長，可以活到九百歲，它的生命分為三段：用三百歲成長、用三百歲茁壯，再用三百歲衰老，這是橡樹的生命哲學。西方以此當是人生哲學：成長時的青春無敵、茁壯時的意氣風發、衰老時的自適致遠。

來認識一位活了六十五歲的唐朝詩人：賈島。

賈島早年家裡太窮了，生計無落，出家為僧，法號無本。二十三歲時，一次坐在騾子上行走，吟詩苦想「鳥宿池邊樹，僧敲月下門」兩句，這個敲或是那個推，反覆斟酌，不想撞上了長安市長的儀仗車馬隊，引發交通事故。那位市長就是韓愈，大唐首都的京兆尹。他沒有責怪賈島，反而加入「推敲」，最後建議「敲」有聲韻為佳，也建議年輕的賈島還俗，參加科舉，自此改變了賈島的一生。

賈島是唐朝著名的詩人，他是一位詩癡，說自己不可一日無詩，愛寫卻寫得慢，微微有清苦之風，所以有人稱他是苦吟派，與孟郊的詩風合稱有「郊寒島瘦」。如果也把賈島由激情、困頓轉而隨遇而安的人生，隨著年歲分為三個境界，亦有可觀。

第一境界：成長．十年磨一劍——

他拜韓愈為師，二十四歲時隨韓愈回返洛陽，寄居佛寺讀書準備科舉考試。他天真地以為，以自己的才學一定能考中，並不把「八百舉子」放在眼裡，一入考場，揮筆就寫，在〈病蟬〉詩中，痛罵：「什麼黃雀、烏鴉，都一樣心懷不軌想害蟬。」算是考運不佳，也算是年輕張狂，得到負評。他的詩作〈劍客〉，十年辛苦磨出一把利劍，劍刃寒光閃爍，只是未試鋒芒。如今取出，給您一看，誰有冤屈不平的事？不妨如實告我。賈島年少輕狂，叛逆，心情不定。

十年磨一劍，霜刃未曾試。
今日把示君，誰有不平事？

第二境界：茁壯．雲深不知處——

可是賈島科舉屢屢不中，仕途卡關，歲月流逝，轉眼已是哀樂中年。三十四歲時亦師亦友的孟郊去世，他寫了〈哭孟郊〉說了「故人相吊後，斜日下寒天」，這也是自哀迷霧未散的人生，載浮載沉。他的詩作〈尋隱者不遇〉：蒼松下，我詢問了年少的藥童；他說師傅已經走入深山採藥；人就在這座大山裡，可是林深雲密，不知他的行蹤。賈島的焦急轉為無奈，以白雲隱喻隱者的高潔，以蒼松隱喻隱者的風骨，可是他卻尋訪不遇。

松下問童子，言師採藥去；
只在此山中，雲深不知處。

第三境界：衰老．世事未曾聞——

五十歲才謀得一官職，可是仕途不佳，五十八歲時因誹謗罪，貶謫入蜀，當了長江縣的主簿，六十二歲改任普州司倉參軍。詩作〈宿山寺〉中，賈島寫著投宿一座屹立在山頂的古寺，高聳的群峰寒色逼人，稀疏樹林有漏下幾點星光，月光則迎著行雲匆匆前行。高山絕頂來人稀少，蒼松在林中猶如鶴立雞群。一位年過八十的老僧，從未聽說過世間興衰之事。全篇一山，一寺，一月，一雲，一松，一僧，賈島來此一宿，不禁煩襟滌盡，自適自在之心頓生。

眾岫聳寒色，精廬向此分。
流星透疏木，走月逆行雲。
絕頂人來少，高松鶴不群。
一僧年八十，世事未曾聞。

蔣動在 TED x Taipei 二〇一二說「留十八分鐘給自己」

TED，Technology, Entertainment, Design 的縮寫，即技術、娛樂、設計。今天這個組織在創設近四十年後，因為網路的方便，許多TED演講的影片被大量觀看，也引起盛大的迴響。

TED演講都以十八分鐘為限，根據TED大會策展人安德森解釋：「十八分鐘已經足夠讓聽眾進入狀況，卻又不至於開始分神。這個長度在網路上也有相當好的傳播效果，它差不多是喝杯咖啡，稍事休息的時間。」

二〇〇九年TED開放授權，TED x Taipei也隨之成立。受邀的講者都是一時之選，蔣勳是其一。蔣老師一開始便一句一句緩緩潺潺地，用他低沉迷人的聲音讀了〈願〉詩：

我願是滿山的杜鵑，只為一次無憾的春天；

我願是繁星，捨給一個夏天的夜晚；

我願是千萬條江河，流向唯一的海洋；

我願是那月，為你，再一次圓滿……

接著他說到幾次經驗，像是帶領學生去合歡山北麓看杜鵑紅，去澎湖吉貝看沙灘白……那都是美的領受與洗滌。然後話鋒一轉，進入關於「詩」這件事：

我還有點心虛，不知道詩在這個世界上扮演什麼角色？如果到處都是戰爭，如果到處有飢荒，如果到處有人與人的仇恨與廝殺，那一首詩，能夠挽救什麼？……

我在想，能不能一天二十四小時這麼漫長，我們留十八分鐘給一首詩？……一位職場忙碌的朋友可能會反駁我，我就退了一步。我想詩永遠都在退一步吧，因為他沒有辦法。在現實世界裡，詩要跟任何東西去爭得什麼？……那麼一年三百六十五天，可不可以留十八分鐘給一首詩？我再退一步，有沒有可能，人的一生留十八分鐘給一首詩？事實上，這十八分鐘不見得是所謂形式的詩文，而是一處一時的對美的領受，或許在合歡山的北麓，或許在吉貝的海邊。

蔣勳接著說出我們的文化有因為殘缺而對「圓的渴望」。像是蘇東坡〈水調頭．明月幾時有〉的「人有悲歡離合，月有陰晴圓缺」，他說著各個月圓，上元節月圓的祈福、中元節月圓的施捨、中秋月圓的期待：

所以我們用那十八分鐘去對抗所有的苦難和殘缺，戰爭太多、戰亂太多、流亡太多……所以，她（詩）特別懂得圓的渴望與期待。但是，談花的開放月的圓，會不會被嘲笑風花雪月？所以，大家對詩會有一種害怕，害怕落入不現實的虛無飄渺？當然不是，她在苦難裡安慰了好多好多的人……。

坦白講，中年後的我，在這個年紀還在寫詩，內心總是害羞的，不是寫得好壞，而是心事無處可逃，卻又半遮半掩。從十七歲開始模仿他人詩作裡的強說愁，到了大叔歲月已經知道不是手握詩冊，生活必然合仄押韻，也非仰望，天空就會星光燦然。像是二〇一八年冬天期待新春時的曲阜孔廟遠行，總忍不住：

閒著，大雪節氣後在安平的晴冬
看著，即將結束的年月，輕輕落在花間陰影
想著，我要懷念誰？相思誰？

新春，我即將有遠行
長風拂動著髮，每一朵雲都騷動著
去找酒浸過的北宋和明清

去尋飛霜潤過的北魏

《都是溫柔的孩子》奈良少年監獄「詩與繪本」教室

詩就是對生命的讚詞或是傷懷。

日本古都奈良有一座少年監獄，顧名思義就是青少年集中管理的地方，未到成年，也不是什麼江洋大盜，或是十惡不赦的暴徒，但是他們都需要被教化隔離……然而對很多人而言，他們還是孩子！

《都是溫柔的孩子》作者寮美千子與獄方合作，本著「孩子值得我們多給一點機會」的信念，她與一群志工進入了他們被囚禁的世界，與孩子接觸，也讓孩子接觸繪本世界，那是最容易進入閱讀的途徑。

我自己也非常喜歡閱讀兒童繪本，心生歡喜這些思緒精密的作品。那是舉重若輕的人文結晶，有豐富而精采的手繪圖畫，有精緻而收斂的文字，沒有艱深拗口，卻足以讓人長出想像力的翅膀。

志工慢慢引導大家，先建立彼此的信任，讓孩子開始閱讀繪本，也陪他們講故事，甚至讓大家組成了劇團，分別演繹繪本裡面的角色。如此反覆浸淫到書本的核心，就是希望他們能接收到繪本所傳達的良善、美學與知識。孩子，從不置可否，扭扭捏捏，排斥害羞，到熱情投入，大人孩子玩成一片。

有一天，作者向孩子們宣布：「今天活動結束了，但是有功課要大家完成，下次見面時交！」「什麼功課？」「寫詩！」整個教室哀鴻一片。「什麼嘛，我不會！我不知道要如何寫詩！」「其實，寫詩很簡單，就像你們讀的繪本，像你們所演的舞台劇台詞一樣，一句一行，想寫幾行都沒關係。」

這次題目是：「我喜歡的顏色」。在書本裡，作者列出了四位孩子的作品：A 的金色、

B的銀色、C的黑色，還有D。上課時，他們依序上台唸出手上自己的詩句：

〈金色〉
金色是
鑲在天空的星星
金色是
夜晚，展開翅膀，拍打的鶴
金色是
高聲響亮的，鈴聲
我最喜歡，金色

〈銀色〉
無限的色彩之中
我，最在意的是銀色
銀色，有各種形態

人的姿態和行動
物體形狀和大小
有時看起來微小
有時看起來巨大
銀色，是看不到的顏色
也是看得到的顏色

〈黑色〉

我，喜歡黑色
我認為黑色很有男子氣概，是帥氣的顏色
黑色，是不可思議的顏色
讓人找不到的顏色
眼睛看不到的，黑暗的顏色
我覺得黑色是，有點，寂寞的顏色

可是
星空的黑色很漂亮，不是寂寞的顏色

輪到D同學上台，他低垂著頭，快速地唸了一遍。由於發音不清楚，大家根本聽不懂他在唸什麼。紛紛要求他再一次，讀慢一點……。

作者用了一些篇幅介紹了D同學的創傷，他身上還留有吸毒的後遺症，無法清楚咬字。他自幼遭到家暴、虐待，長久以來受到最親近的家人傷害，嚴重缺乏信心，總是低著頭不敢與人目光接觸。他的頭上有一道觸目驚心的傷痕，那是他父親用金屬球棒毆打的結果。作者向他說：「不好意思，我聽不太清楚。可以麻煩你再唸一遍嗎？」幾次嘗試後，他試圖大聲說：

因為天空是藍色的，所以我選了白色

D同學的詩作僅僅一行，詩名是〈雲〉。同學們從屏息中，報以熱烈的掌聲，作者與志工、教官也以掌聲回應，大家打從心底為他高興。此時，D同學突然舉手：「那、那個……我有話想說。請問我可以說話嗎？」這是破天荒的要求，一位平常都低著頭，不發一語的D同學，顯然他卸下了心防，打開了心扉。

「今年，是我媽媽去世第七年。我媽媽她，身體不好。可是，爸爸經常打媽媽。我那時還很小，沒有辦法保護媽媽。媽媽死掉前，在醫院對我說：『覺得難過的時候，就看看天空吧。媽媽一定會在天上守護你。』所以，我試著把自己當成媽媽，用媽媽的心情，寫了這首詩。」

看到這個故事，你怎麼可以不愛詩呢？聽到蔣勳老師「卑微地」要求我們這輩子留十八分鐘給詩，你怎麼可以拒絕呢？

詩在談自由、青春、愛情、搖滾、飛翔、美學、感動……

身邊許多退休的朋友，他們的生活漸漸有了新契機。有種了一陽台盆栽的，有動手磨墨寫書法的，有參加讀書會的，有含飴弄孫的，有參加各式各樣志工的，也有開始培養興趣的。江育成是熟齡書寫者，在作品《退休練習曲：迎接第二次黃金青春的人生提案》中，他列出自己的退休嗜好：昆蟲攝影、修理古典時鐘，以及素描與寫生。

除去興趣選項，有許多朋友開始研究《易經》，深讀四書五經，參加佛學經文課程，到道場法會念佛共修……某種層度上，傳統的儒釋道三家，不約而同，都在為中老年人而準備。

而詩卻截然不同，詩在談自由、青春、愛情、搖滾、飛翔、美學、感動、倒影……所以，我在想「我們什麼時候開始變老？」答案有二，當你過度擁抱儒釋道的時候，或是當你不讀詩的時候。

2

都蘭山下，停雲歲月

當中年男子戀愛時
我想的是
小城的山巷拾級緩緩

當秋日已經天涼
我夢到的是
都蘭山路的老綠婆娑

不是忘了醉月，只是雲濃月隱

不想跳步溪急，只是霜寒溪冷
不舞了，探戈那般激烈貪歡嬌嬈
不躍了，芭蕾這樣輕盈飛旋起落

關於中年後的戀愛比較像是富春江山水
心事藏有初秋秀麗景色，峰巒曠野
念頭多是岡陵起伏，山勢層層疊疊
日子裡，林木交錯，村舍聚疏

歲月成了長長水墨捲軸
閱讀時，一邊捲開
隨手一邊闔上
每一段的行走都成了秀潤澹雅

寫作，是一種精神修行

二〇二〇年開始，因為新冠疫情蔓延漸漸加劇，人們的生活作息巨大改變。我的退休生活，也有大轉彎，半隱半忙成了新型態，隱在台東都蘭山下，忙在台南與其他大城小鎮。

退休前的二〇一四年，曾豪氣地宣布「我用寫作的內容，來決定退休生活方式」，所以有了《哲學樹之旅：漫漫走過千年之路》一個人的旅行書寫，當年曾經踟躕一個一個古城，探尋、考證、擁抱：歐陽脩在滁州的古梅、唐太宗在西安的銀杏、六祖惠能在登封的古柏、范仲淹在保定的槐樹……每一次旅行，約五天來回，找古樹談古人的植樹心情，也讓自己沉浸在歷史的學習之中，開放旅行時的覺知。

繼《哲學樹之旅》之後，「一個人的旅行」寫作新計畫，想法之一是《遊訪，八張文人的書桌》，打算以三年、八趟走讀大江南北，起手式從荊州張居正的書齋開始，還有蘇州唐伯虎的桃花塢、紹興徐渭的青藤書屋、北京紀曉嵐的閱微草堂等等。

原定二〇二〇年五月出發，然而年初疫情開始嚴峻，這個書寫計畫無限期耽擱。有一失就有一得，古諺不是說「失之東隅收之桑榆」嗎？無法遠遊的疫情，成了我的又退又休的日子，我改變了生活節奏和作息內容。想想，隨著歲月增長，工作與生活的步調就隨性自適吧。

退休後，我實踐「現在去教書」

過去我自勉「寫作，是一種精神修行」，陸續書寫了《孤獨管理》、《向夕陽敬酒》、《無照心理師的沙發》等，內容是「聰明慢老」的研究與梳理。書寫中，多了自觀，透過自我觀察，專注心與身之間的密切關聯，然後再如其本然地觀察他物，分析上也多了些人類思想、情緒、判斷力和感受。

年輕時鮮衣怒馬，而「生命的美，是留給速度慢的人」是中年後的覺知。疫情初期我開始慢行，走入山間，躑躅山道，在森林山路徜徉。森林的英文「forest」，for rest，森林如何療癒人們？我知道答案。

50＋年紀，我先在高雄醫學大學任教，後來改到高雄科技大學的「樂齡大學」上課，分享一些生命經驗與生活觀察。之所以有這樣的任課責任，其實是我在實踐《孤獨管理》裡，自己所提到的「五六十歲的你能做什麼？」書本中，我舉例「英國最近出現『現在去教書』的運動」，有上千名五、六十歲的律師、醫師、銀行家乃至電影工作者提出申請。他們先經過篩選，再進行教育專業訓練，取得教師資格，然後通過學校行政高層的面試。

教書，我覺得我也可以！

我不是尋找退休後「工作的第二春」，或是與年輕的教師競爭職位。任教，屬於我的時間管理，一年約有六堂課的配額設定，刻意前往各地國高中老師的研習會，多談節氣餐桌、旅食旅行、知識管理、生活美學、地方創生……說說「橫向思考」綜合知識的雜學與學習。

另外四堂課，也到一些大學面對學生，分享職場管理、生活創意、哲學樹之旅……。

在樂齡大學多年，上課題目累積有：在鮮美味道中找尋養生文化、生命深秋時的智慧筆記、從初老心理到聰明慢老、倍萬自愛人生最後只有你自己、帶著筷子去小鎮旅行等等。來上課的資深同學們，他們「歲月資歷」多數都超過了我，最高齡的有達八十三歲者，我必須更「肅然與晏然」分享生活經驗。說實話，教書一事我樂在其中。

樂齡大學備課是費事的工作。我的老年學態度是「你怎麼看待老年，它就怎麼回應你」，上課中「不是談如何死，而是談怎麼活」，談及時享樂，因為明日不可盡信。

上課如同書寫，一以貫之「我的生死學，凝視中，也思考中」，這件事開始分析，我也開始準備死亡。心理學者說這是「餘命管理」基礎，這也是我在《無照心理師的沙發》論述的重點之一。於是，話語中隱晦不明地「偷渡」這個餘命觀念，這是我的課業深意，希望中年後的大家能多快樂與開懷大笑。

放心，我不是整天心思都放在生死課題的憂天杞人，或是喋喋不休「說如何慢老」的嘮叨傢伙。我的日子，沒有放棄吃喝玩樂！

離開城市，我多次走入山村閱讀農夫哲學

近幾年，離開台南舊城的時間與次數變多，我多走入山村，旅居靜山，這些山居步調漸漸成了日常作息常態。在台東都蘭的庭院菜圃樂此不疲，蒔花種樹享受揮汗，身體力行。在勞動中欣然看到新綠萌發，在溽熱天氣中專注修剪乾枝雜葉，砍伐已經枯死的老枝，梳掃滿地堆疊落葉。四季更迭，體驗「新綠、晚綠到老綠，然後就開始橘紅了」，已經不是詩句的欣賞，而是領悟。

二〇二〇年十月，我是當年 Openbook 開卷獎年度生活書的決選委員之一。好書清單之中，讀了《農夫哲學：關於自然、生死與永恆的沉思》（*Gene Everlasting: A Contrary Farmer's Thoughts on Living*），這本書入圍了最後評審名單之中，我在推薦的評文裡起頭說道：「關於這本書的

閱讀，對我，中年後開始書寫『橘色世代生命與生活』的我，有了許多啟發與沉思。」

書本封面的介紹文提綱挈領說道：「園丁和農夫要比其他人更容易接受死亡。每天，我們都在幫助植物生命的誕生，又在幫助他們結束生命。」作者金恩．洛格斯頓（Gene Logsdon）在病中思考死亡、永恆等人生課題，在田地與花園寫下他的農夫哲學。他的文字裡有幽默、犀利和歷練：「自然界裡沒有什麼會真正死去，各種形式的生命體都在自我更新。相較於『死亡』，『更新』才是最合適用於描述生命進程的詞彙。」他在自然裡，看見了生死課題，我也學著跟進。

旅居靜山，我偶爾離開書桌，開始走入田園菜圃，感受自然的節奏，面對榮枯，學習耕種與修剪，放下得失。

山居靜雅中，我的日常小誌

二〇二一年三月八日——

昨天傍晚，山中書房聞到陣陣花香傳入，天色漸暗，但是花香襲人，忖思這是七里香、茉莉花香還是梔子花？令人好奇三月的春花究竟是誰？優雅透亮的浮動香氣，攪得整個人都浪漫了起來。

二〇二一年三月九日——

一早，尋著輕甜花氣，發現鄰居有幾株柚樹滿滿白花，歡喜之餘只能學舌李白「怒放一樹白」讚嘆。原來柚花的花香如此嫻雅清新，沁心飄逸。

二〇二一年三月十日——

春天真是炫耀手機裡漂亮百花照片的好時機。

在蔡珠兒臉書看到她的「錫葉藤」美照，忍不住也想秀一下自家院子裡美麗的紫花。話說錫葉藤又稱砂紙藤，因為葉片表面粗糙宛如砂紙一般，以前的人會拿它擦拭錫器或是象牙筷子。

喜歡這個輕紫色，我稱是「湛紫」，精靈般的羽翼色彩，在陽光下，總覺得春風爽朗，謐謐夢幻又勃勃豔麗。

二〇二一年四月十四日——

在都蘭住家的草坪上，倚傍著大石頭，自己長出一大叢的野番茄。綠葉交疊，漫長成堆，於是搭建了一方細竹棚架讓其攀爬，淨空地面免得藏蛇。

這些不勞而穫的野番茄，又稱袖珍小番茄，不是台灣原生種，應該是荷據時期，三百八十年前，荷蘭人間接從南美洲引進台灣。因為太小顆了沒有啥經濟價值，在日治時期，被黑柿仔番茄淘汰，淪落到山野荒郊。

二〇二一年五月七日——

初夏，在都蘭試種小黃瓜。今天採收了第一隻瓜，修長翠綠外表有些小刺，水靈靈脆生生。種植小黃瓜真是超療癒的農家活動，短短一個月，已是高株婷婷，黃花朵朵。一朵小花約四天長成，已經初具「小花瓜」架勢，枯花掉落之後，它即快速長成。剪採鮮瓜、輕滌洗淨，直接入口，青鮮瓜汁迸發，爽脆無比。這是初夏的滋味。

二〇二一年六月九日——

烏桕，是我喜歡的樹種。種了三年的烏桕終於開花了，雖然遲了兩個月，但盼來了黃綠色細穗狀。接下來，則是等深秋時的深綠蒴果，梨狀球形，更成熟時轉成黑色，並裂開為三瓣的種子。

認識它，是早年的台南公園一株百年烏桕開始，菱狀秀氣的葉子，宛如魟魚般的漂游，在風中翻飛時更顯好看。三年前與妻子在台南公園看樹，她也喜歡，說我們在家裡也種幾株吧。

二〇二一年六月十九日——

因為疫情加劇，「浩克慢遊」停工了，許多地方都不能去。隱居都蘭山野成了最大幸福，也深刻體會著「許多的美好，都是留給速度慢的人」。我想起了「小夏，日安」的幸福。

二〇二一年七月十七日——

院子有幾株紫薇，花開茂盛，量多體重，枝枒甚至都彎垂了。

天氣炎熱，今早第一次仔細端詳它的圓錐花序，輕藍紫淺紅紫，小花苞上有六朵小花，花瓣輕薄有皺摺如裙擺，嬌豔簇擁著頂部的黃色花蕊。從夏至盛開階段迄今漸漸花落、結籽。它的花期長，逾三個月，因此又名百日紅。紫花依舊錦簇繁多，圓形蒴果卻也漸漸成型，成熟呈紫黑色，乾燥後裂開，隨風飛散出有翅的種子。

紫微代表尊貴，皇帝的居所又稱「紫微」，唐朝開元元年（七一三），改中書省稱之「紫微省」，中書令稱為「紫微令」，中書省的官員別稱「紫微郎」。白居易有詩說著心情：「獨坐黃昏誰是伴，紫薇花對紫微郎。」紫微大帝是道教神，全稱中天紫微北極太皇大帝。紫微又叫紫垣、紫宮，在星座上屬帝王之所居，明朝、清朝皇宮又叫「紫禁城」即是這一來歷。

二〇二一年十月一日——

十月了，都蘭院子水黃皮的小紫花正是好看。站在樹下，可以聽到花朵落地啪嗒啪嗒聲響。地面上盡是細細密密的落花，可以踏花其上。

今年三月，略有修剪心得的我，拿著鋸子直接大幅修一株老水黃皮，對殘枝雜枒大動干戈。工作一個小時後，頗為得意，也寫了一篇〈心流，修剪水黃皮枝枒〉感想，一個月後在《聯合報》副刊上發表……半年過去了，這幾天淡紫小花滿樹風光，與油綠潔亮的葉子相掩相襯。

二〇二一年十月二十九日——

池上秋收，參加雲門舞集《十三聲》演出。車子停得遠，沿路的風景，遠山黛青層層相擁，萬頃稻田豐饒，黃橙相間，那是美好秋色的安好一片。

二〇二一年十月三十日——

星期六下午，好天氣，一行人從關山、池上，往北走縱谷平原，到了富里火車站，大伙想要看看這一座雅逸新造的建築。

時間剛剛剛剛好。在月台巧遇了仲夏寶島號蒸汽火車，緩緩進站，頓時大伙都成了火車迷，看著黑魯魯的經典古董火車頭迎面而來……這也太幸運了……立即想到克襄，應該拍照向他「示威」。每次跟他拍攝「浩克慢遊」，有關火車的故事，我都是「聽他說的」。嘿嘿，這次巧遇蒸氣火車，得來全不費工夫，我有跟他說嘴的話資了。

二〇二一年十二月十七日——

隱居都蘭曠遠山間，閒走山路，路旁許多釋迦果園。枝枒上結果累累，有三代果農正工作園中，我閒話今年收成如何？「不好啊，因為燦樹、圓規颱風外環氣流，落果甚多。」預計何時收穫？「套黃紙袋的，過年前。剛剛套上白網的，是過年後。」

今年大陸停止採購，外銷接單減少了，怎麼辦？果農說他也不知。但是一年一穫，家計收入就是它了。未來怎麼辦？「走一步算一步了。」

二〇二二年一月十二日——

這個季節，花東縱谷平原有大片大片油菜花田。油菜花期，約是十二月底到二月初。趁著寒流未到之前，我走了一趟花東縱谷，沿著台9線北上，一路上貪看黃澄澄的花田。

花蓮光復鄉的「大農大富平地森林園區」大片平原，已經植滿油菜，翠綠小苗依舊怯怯生生……它們即將在農曆大年時，黃花轟然大爆發，屆時可以看到台灣最盛大壯觀的油菜花海。

二〇二二年一月二十六日——

我從台南出發，往台東走南迴公路。中午抵達恆春半島，半路小歇車城海邊，海平面遠方因為有霧，海天一色。海風吹面不寒，冬陽有些搶戲。

看海，閃過一個念頭，台灣海峽的浪濤聲太秀氣了，與東海岸太平洋沉厚低鳴，戲路完全不同。夜住都蘭，月色催更，只有海濤醇厚如低雷輕鳴，綿延不止息，緩緩地把它的肺活量聲響，吟成了跟我鼾聲押韻的星空日子。

二〇二二年二月十九日——

從台東關山鎮前進南橫公路東段，右邊是新武呂溪，左側則是鑿出岩石道路。氣候不佳，才有了一天春的氣息，今天它又躲了起來。

二〇二二年三月二十日——

在台東遇見席德進。我前後兩次去了台東池上穀倉藝術館，瞻望席德進的上下二展。記得，我在高一時，第一次接觸席德進的水彩作品，一抹山色、一道原野、一縷煙霧、幾處人家……醉心嚮往，那些感動是我青春時的啟蒙與模仿的深印象。

池上前後兩次展，我都以神龕的仰望瀏覽鉅細。但是展作裡少了我年輕時嚮往的渲染蒼綠水彩畫作（數量極少），是我看展之際隱隱的遺憾。今天在藝術館李雅伶的臉書，看到令人驚喜的資訊。她附有一九七一年《雄獅美術》封面——席德進畫的牽牛花，也有多達五頁的封面畫家介紹：「一握泥土的真實——我看席德進畫作」專文。我細讀五十年前的文字，終於釐清我年輕時似懂非懂的感受……。

今天春分，煙雨微飄。我把〈一握泥土的真實〉這篇文章，當是中年後，重新觀看席德進作品的心得總結，那裡藏著我年少的浪漫美學心懷，感動不忘。

二〇二二年四月二十九日——

三月，眾花鬧春之後，院子那株小黃花風鈴木已經結了幾個花莢，瘦瘦長長，初有細絨。

四月中旬，莢皮乾裂成熟，摘下它，取出種籽研究之。

長長莢內有一隔間，層層疊疊約一百六十個有翅膜的薄籽，擠在狹窄空間中。我讓其他幾個花莢留在樹上，觀察翅籽隨風飄散，是否會落地成苗？至於，我收成的一百六十個小籽，試試看能否讓它們發芽育苗……。

二〇二二年六月二十日——

明天夏至。中午陽光斑斕，站在樹下往上望著，各種形狀綠葉在豔陽透光下，顯得燦燦煌煌。這個視角，透光的葉片有了新風情。

二〇二二年九月一日——

在都蘭山麓遛狗，往往經過一株大辣木，因為之前書寫《當老樹在說話》，其中有一篇〈魚木與辣木〉文章，對辣木的身世有些了解。

長夏的尾聲，離節氣白露還有六天。看到辣木的白花與成熟果莢同時高掛樹上，這讓我想起苦茶油樹的生長也是如此，現在所綻放的辣木花，必須歷經五季（一整年又一個秋）才能熟成。種植苦茶油農夫說這是「抱子懷胎」。可見苦茶籽與辣木籽的難得，以及營養之豐富。苦茶油與辣木油的價錢，可以印證價值。

二〇二二年九月十八日——

中午前，前往在東河鄉興隆國小的假日市集，非常有意思與質感的居民聚會。今天星期日，下午三時收攤。這是附近的人們交流的活動，是小日子的尋常，攤上有許多手作、小農、小資的物件，整體上商品不多，我依然開心流連。

閒走幾個攤位。看到有一店家的枸杞紅棗甘蔗汁，不知滋味如何？聽他們說昨晚九點多，大伙正在倒汁裝瓶時，碰上台東強力地震，摔倒流掉了一半……這個地震，我心有餘悸。

二〇二二年九月二十一日——

再兩天，即是秋分，一個屬於台灣欒樹的節氣。記得一九九六年，在天母的誠品忠誠店第一次舉辦「欒樹節」，當年誠品與生態團體合作，有生態解說，也相贈欒樹的種子，樹下街邊有咖啡和音樂……第二年士林區公所加入，第三年各辦各的，日期錯開……之後，它就消失在誠品的人文關懷……這幾年也被天母人淡忘了。

這是我對台灣欒樹第一次深印象。之後，我開始巡遊台灣各地的九月黃、十月粉紅。也發現許多城鄉都有自己的欒樹行道樹，各自燦燦美麗！

上星期在金門拍攝「浩克慢遊」，這個星期則旅走在台東、花蓮的街頭與公路。屢屢停車，總為了貪看正是燦黃的花樹。在台11線濱海公路騁馳，藍天碧海，而那長排樹梢相連的濃密花色，宛若，大氣一筆橫刷而過的鮮黃亮豔，宣告秋味將濃……。

二〇二二年十月八日——

三天的國慶長假在節氣寒露中上路了。

「一場秋雨一場寒」，是這個季節總會想起的古諺。晨間七點，開始在院子裡修剪，陽光雖明亮如常，但樹蔭下的長草，露水未消，透露星夜露涼已有一番風味了。

二〇二二年十一月四日——

台東美術館有江賢二的個展，展期到十一月二十七日，開始倒數了。今午終於得空前往，非假日，人數不多，可以獨享整個寬闊的大展場，領受今年剛八十歲江賢二的詩意、純淨與優美。二〇〇八年遷居台東，江賢二的作品風格有了新意，我以為是多了「淨化與童心」。我貪愛他的《比西里岸之夢》系列，色彩繽紛，因為那是他初體驗東海岸，有了旅人的興奮與詩人的內斂，如同我近年看到不同季節的太平洋黑潮藍。

我知道他的《金樽》系列晚於《比西里岸之夢》十年，那又是創作的另一個轉捩點。作品裡面有江賢二生活恬靜的反芻，十多年來他天天在台東看日出，眼中的海、夜、夏都轉化了，成了七十六歲之後，這幾年生命裡的心象與心境。

如同《橫尾忠則X九位經典創作者的生命對話》所揭櫫的，不是因為長壽而創作，而是因為創作而長壽。橫尾忠則是日本藝術界的國寶創作者，書中，他以八十三歲的訪問者的身分，對談了九位高齡創作者，他們平均年紀八十九歲，還繼續創作於各個領域。他們談老年生活、談「讓生活還能美好」的創作力，也談自由靈魂解放身體與年紀。

呼應二〇二二江賢二個展，位於東河鄉金樽的「江賢二藝術園區」也局部開放參觀。最後的機會也是十一月二十七日，星期日。過幾天，我即將前往。

3 水聲山色，隱居與旅行之間

二〇二二年十一月，「浩克慢遊」走訪太魯閣，不是一般觀光客路線，我們前進到西寶森林小學。學校位於國家公園的深山中，中橫公路過了天祥後再往上走十分鐘，校舍建築是由四座斜角房舍相連，全部通透相連，沒有隔間。四周都是高山，我說這裡是雲住的地方。

唯一座落在國家公園裡的西寶小學創校時，是開鑿中橫公路之際，如果要輸送蔬菜入山太遠了，乾脆在西寶闢地種植，就學的小朋友就是那些墾地種菜的榮民眷屬，加上當地的太魯閣族孩子。隨著歲月更迭，這座在中央山脈深處的小學，因為所在的特殊地理位置與擁有多元的文化背景，多年前轉型成了名副其實的森林小學。

拍攝當天，腳本指示克襄與我要搭校車前去。在可樂公車站，我們與一群小學生一起等校車。先是一陣老小閒聊，當孩子們知道是我們兩位主持人要去參訪學校之後，有人竟說「來參訪我們學校的節目主持人，你們是最老最醜的……」哈哈，克襄與我一陣狂笑，也欣然接受。我們倆算是台灣版的花漾爺爺，早已享受敬老票優待了，「最老」沒啥好爭議的，想想我自己都已從職場退休七年了。至於最醜嘛，以小朋友的年老就算色衰的標準，也算是實話。

我倆以退休之身，還能主持公共電視旅遊節目，算是老而彌堅了。這個境遇，孩子們是不會懂得的。這次，我想先說說八百多年前，也是退休境遇的辛棄疾。

淳熙九年（一一八二），四十二歲詩人辛棄疾被罷官，現代人說法：「被退休」。之後，他在江西上饒城外的帶湖隱居，取意「人生在勤，當以力田為先」，自號「稼軒居士」。十四年後，慶元二年（一一九六）夏，因為帶湖居所失火，舉家遷往信州鉛山的瓢泉，繼續隱居、耕作。

五十五歲的他自云：「便此地，結吾廬，待學淵明，更手種，門前五柳。」他真的是陶淵明的粉絲，也在新家門口栽種了五株柳樹。閒雲野鶴的瓢泉生活，他平日遊山逛水，飲酒賦詩。此地日常的恬靜與質樸居民，讓他靈感翻飛，四時風光詩作不斷，遣興抒懷的作品更加悠遠。

歸隱，真是個人生好題材

在瓢泉的住家，設有一處「停雲亭」（這個名字取得真好，形容自己隱居，如同浮雲下錨，與他同住不再流浪）。近六十歲時的他，曾寫下〈賀新郎．甚矣吾衰矣〉以抒發壯志難酬而人卻老去的生命。文章前有一小序，說著：「有一天，我在鉛山縣的住家，獨坐在停雲亭，水聲山色，秀美舒坦。我想『彷彿』（有差不多，學學人家的意思）陶淵明思念親友的心情文字，作有了這闕詞」：

甚矣吾衰矣。
悵平生、交遊零落，只今餘幾。
白髮空垂三千丈，一笑人間萬事。
問何物，能令公喜。
我見青山多嫵媚，料青山見我應如是。
情與貌，略相似。
一尊搔首東窗裏。
想淵明，停雲詩就，此時風味。
江左沉酣求名者，豈識濁醪妙理。
回首叫，雲飛風起。
不恨古人吾不見，恨古人不見吾狂耳。
知我者，二三子。

話說陶淵明曾經因為思念親友有了《停雲》詩組，他自己注解「停雲，思親友也。罇湛新醪，園列初榮，願言不從，嘆息彌襟」。陶淵明是魏晉時期的詩人，魏晉距辛棄疾的南宋約有七百五十年之遠，離現代二〇二三年則有一千六百五十年之久。他自號「五柳先生」，作品〈桃花源記〉、〈歸去來兮辭〉、〈歸園田居〉等，依舊影響深遠，繼續撫慰現代人疲憊的心靈……。

陶淵明也是第一個大量寫飲酒詩的人，他有著名《飲酒》二十首並序，其中〈飲酒・其五〉有「採菊東籬下，悠然見南山」，字句前後僅僅五十字，精采而且療癒。詩文前段：擺脫塵俗煩擾之後的感受，表現了詩人遠離官場、遠離喧囂的心思；詩文後段則說著，在南山的美好夕陽，和他從中獲得的悠閒自得與田園生活。

話題回到辛棄疾，這闋詞以「我見青山多嫵媚，料青山見我應如是」流傳最廣。我在退休後，靜下心，梳理他的字裡行間。

辛棄疾因無物（實指無人）可喜，只好將深情傾注於自然，不僅覺得青山「嫵媚」，而且覺得似乎青山也為他而嫵媚多情了。這與李白〈獨坐敬亭山〉「相看兩不厭」有同工之妙，當然我也喜歡李白另一句「孤雲獨去閒」，非常呼應我現在退休後的隱居。

小記者岳珂，記錄辛棄疾在酒宴拍腿大笑

根據南宋岳珂的文章記載，他說辛棄疾「每逢宴客，必命侍姬歌其所作。特好歌〈賀新郎〉一詞，自誦其警句吟誦：『我見青山多嫵媚，料青山見我應如是。』又說：『不恨古人吾不見，恨古人不見吾狂耳。』每至此，輒拊髀自笑，顧問坐客何如。」足見辛棄疾對自己這二聯是很自負的，顯然岳珂對此情節是印象深刻的。（注：拊髀就是拍著自己大腿，很有畫面感的動作。）

順便介紹岳珂，他是誰？是岳飛的孫子！父親是岳霖（岳飛三子，岳雲的弟弟）。話說岳珂三十五歲時，一邊讀書一邊整理岳飛的遺文（這是父親未盡的志業），繼續為祖父辨誣。當他四十三歲時，宋理宗謚岳飛「忠武」，再一次平反岳飛的冤死（第一次平反，是宋孝宗的淳熙五年，一一七八，當年宋孝宗召見岳霖，對著他說「卿家紀律，用兵之法，張、韓遠不及，卿家冤枉，朕悉知之，天下共知之」）。之後岳珂升遷為「大夫司農少卿總領浙西江東財賦」，管理淮東軍馬錢糧，那是從六品的官職。他的故事後話不表。

岳珂出生於一一八三年，卒於一二四三年，享壽六十一歲。

辛棄疾則出生於一一四〇年，卒於一二〇七年，享壽六十八歲。

兩人年紀差距四十三歲，忘年之交。辛棄疾寫下〈賀新郎〉，正是岳珂十七歲之際。顯然，之後幾次辛棄疾參加酒宴的時候，他總要求歌姬演唱「我見青山多嫵媚，料青山見我應如是」，這一切，岳珂都看在眼裡。十七歲，太年輕了，可以受邀酒宴？道理簡單，古人十六歲已經成年，再想想「他是岳飛的孫子耶！」哪個南宋的愛國抗金文青、憂國文老不喜歡親近他呢？歌聲裡，年輕的岳珂看著大叔辛棄疾的眼神，那個帶有寂寞的眼神裡，想是也會有「雲，被停住了」的苦悶，會有被投閒置散的委屈吧。

但是年輕的岳珂，可能尚未理解辛棄疾「60＋」歸隱自然之後的心理。此時此刻生活裡「稻花香里說豐年，聽取蛙聲一片」，應該是生命主旋律。

中年後，我創造出自己的「停雲歲月」旅行

二〇二一年，《聯合報》「橘世代」記者來電邀約訪談，談中年後旅行時的心境。年輕時與現在有何變化？旅行對我的意義為何？旅行的方式與目標，取捨又是什麼準則？每一次旅行，有無要「完成的儀式」？

年輕時，曾經跟過海外旅行團，一次曼谷，一次伊豆，不是滿意的行程，自忖再也不做這樣的事了，於是有了幾次海外自助旅行（也有多次出差）的經驗。我四十五歲開始書寫，轉行為斜槓文史工作者之後，多了資訊搜集的能力，也多了歲月視野的寬度。從輕旅行、兩天一夜小旅行、主體書寫旅行，甚是海外「一個人的旅行」，堆壘了「文學、哲學、史學」全觀點，於是品味旅行成了「思維認知」，享受邂逅不經意的趣味。

日劇《四重奏》裡有一名言：「人生有三個坡道：上坡道、下坡道、沒想到。」上坡道、下坡道說的是人生的起伏與跌宕。「沒想到」則是失誤或是無法預測，可能思慮不周，可

能是計畫趕不上變化，也可能「不期待非直線的結果，就隨興吧」！我向採訪的記者解說「每次旅行，最開心的就是預料之外」，旅行事先要有路線架構，但是細節則不做預測。只要一路上保持好奇、嘗試與思索，總會有「沒想到」的驚喜接二連三。

二〇一四年，與女兒在京都「兩個人的旅行」，我倆深入巷弄尋古味，恣意亂逛，不料尋到一座靜謐古宅，正舉辦一位女陶藝家的器皿展，隨興挑選了一只緋紅陶杯，樸拙韻雅，成了我的珍貴收藏，標記那一次父女的旅行。沒預期，沒想到，這才是旅行裡最迷人的變數。

二〇一八年，深秋旅行西安，早晨獨步閒逛在大雁塔道路旁，沒想到偶遇一位書法老人，以地面當紙，水為墨，抓著大筆隨興在地磚上書寫唐詩，筆跡行雲飄逸。不幾分鐘，輕風幾陣，水痕消逝無蹤。我看得盡興，這無端端的行雲流水，成了這趟「一個人的旅行」的大驚喜。

二〇一九年，為了書寫《哲學樹之旅》，也是一個人的旅行，選擇春分的日子去山東曲阜孔廟文史踏查。沒想到遇上了大成殿舉行春祭，那是網路遍查不到的活動。儀式中，我占了個好位置，記錄著這一次簡樸卻慎重的「快閃祭孔」，那一身穿著大唐紅袍的女佾生，舞姿莊嚴，成了這趟「一個人的旅行」的大驚喜。

中年後，我把「沒想到」當是「哲學機遇」，法國作家米蘭・昆德拉（Milan Kundera）在《生命中不能承受之輕》（*The Unbearable Lightness of Being*）說：「機遇，只有機遇才能給我們啟示。那些出自必然的事，可以預期的事，日日重複的事，我總是無言無語。只有機遇，能勸我說話，朗讀出其中含義，就如吉普賽人從沉入杯底的咖啡渣裡讀出幻象。」

關於生命「停雲歲月」的「水聲山色，隱居與旅行之間」，我有幾次與桃花心木的機遇，多了一些生命想法……。

從官邸前那株桃花心木出發，我們去旅行！

這個標題，是我在二〇二一年初，在台南古蹟「原台南縣知事官邸」的旅行講座題目。

知事官邸古蹟建築背景先交代一下。它創建於日治時期的一九〇〇年，是一棟「那個年代，南台灣最美麗的磚造建築」。當年台灣日治時期行政區劃，已經從「三縣一廳」、「六縣三廳」再度改制為「三縣三廳」。那是一個大行政區的時代，台灣分成「三大」台北縣、台中縣、台南縣，另外是「三小」宜蘭廳、台東廳、澎湖廳。而當年「台南縣」包含了嘉義、台南、高雄、屏東等廣大的南台灣。行政長官稱之「縣知事」，這棟官邸建築即是當年稱之「台南縣知事官邸」，而今正式名稱「原台南縣知事官邸」。

一月，節氣大寒前夕，我在此官邸建築說書說旅行，演講就從「大門前那株百歲的桃花心木」娓娓道來。這株老樹種植於一九二二年，種植的原因？則是次年四月即將發生的「裕仁皇太子殿下台灣行啟」。當年，台南州知事廣植「行道樹」，那是當時重要的現代城市建設工作之一。如今門口最後一株桃花心木，即是百年前行道樹的唯一倖存者，也成了歷史見證者。

話說一九二三年，裕仁皇太子以攝政身分巡視殖民地台灣，四月十六日抵達基隆港，四月二十日則抵達台南，當晚他下榻此「知事官邸」所增設的二樓，於是這個官邸空間因此有了「御泊所」稱謂。

桃花心木，有分大葉、小葉，原產地是南美洲。

台灣常見的是大葉桃花心木，每年春天三月中旬，它會在幾天之內，好像大家約好一起掉光葉子。然後新葉萌發，短短一個星期又是枝繁葉茂。「落葉賞樹」最佳時節，正是春天陽光下，微風徐徐，落葉從高高樹枝上不斷抖落、輕舞、翻飛，緩緩落地，地面也漸漸鋪滿赭紅、暗緋紅，片片層層。為何是春天落葉？不是秋天？

植物學家說它是從南美洲引進的，台灣的三月天，正是南半球的秋天。生長的地方不同了，基因卻是頑固地捍衛它的生理時鐘。

一九〇一年，日人田代安定氏由日本引入台灣，最初栽種在墾丁的林業試驗所恆春研究中心，成長快速，現在普遍在台灣北迴歸線以南推廣種植。因為材質堅硬，帶有紅色且美麗的紋理，故中文稱為「桃花心」木，跟「桃花」沒有關係。

桃花心木的英文名字為Mahogany，原產於伊斯帕尼奥拉島（Hispaniola，加勒比海的第二大島，一四九二年，哥倫布首次登上此島，命名「西班牙島」，此島東邊屬多明尼加，西邊就是海地國）。大葉桃花心木的英文名字Honduras Mahogany，直譯就是宏都拉斯桃花心木，它是宏都拉斯的國樹。

桃花心木也是印第安人製造獨木舟的材料，後來西班牙探險家們用來修補船隻。事實上桃花心木是高級家具的材料，它的木製品，從細緻的鋼琴到遠渡重洋的大船都有，英文中to be drunk under the mahogany並非醉倒在桃花心木樹下，而是「醉倒在餐桌下」，意指酒足飯飽賓主盡歡之意，總之，「桃花心木」已成西方高級餐桌的代名詞。

說說樹知識：常綠大喬木，春季約三月初會大量落葉，約為時一周內，三月中旬，光禿禿的樹幹開始長出紅色新葉，很快長大變成綠色。四月時高高的枝頭上，在濃密綠色樹冠上開出綠白色的小花，開花後結蒴果。成熟的果皮開裂，帶翅之種子會如螺旋槳般旋轉飄落，隨風遠離母株。

菁寮國小，遇見我的第一座桃花心木林，靜寂

二〇一三年，「浩克慢遊」到了台南後壁區的兩個村：土溝、菁寮行腳拍攝，這一集名稱「依然想念農村時光」。旅途其中，我們走訪了菁寮國小，校長接待，介紹著這座農村小學，一座純樸且有歷史的學校，現在每個年級一個班，從一年甲班、二年甲班……六年甲班，學生人數不到百名。當時他補說著：「我們這裡好久沒有聽到嬰兒的哭聲了。」少子化在農村更加嚴重，校長有招生的危機感。（補注，二〇二一年，全校學生只剩下四十三名。）

更早的二〇〇九年，我因為書寫《黑瓦與老樹》，已經走訪過菁寮國小和對門的「天主教聖十字架教堂」。菁寮國小的前身為日治時期的「菁寮公學校」，創校於一九一一年，明治四十四年。創校時男生一一六名、女生九名，計一二五名。

當年來訪，特別選在星期假日，因為教堂開放。我也來到這座小學，則是為了記錄與繪圖校園裡木造禮堂建築。光復後初年，校園有一棟沿襲日治時期的工法與建材，加上不同的

美學，結構獨特、保存良好，成了那個年代最好的建築歷史見證者。

調查結束後，我卻在操場旁發現了一座濃密桃花心木林，靜寂悄然。這是我的桃花心木林的初體驗，信步走入樹林踩著落葉，聽著瑟瑟聲響。於是書裡寫下了一段：

升旗台後有大片桃花心木樹林，近五百株老樹種於剛光復後的五〇年代，當年由全校師生所栽植（一人一株），一甲子後，那時的小學生今天已是六、七十歲長者，而今校園林蔭蒼鬱，一地的落葉，散步其中，真是美好的神奇享受。

植樹當年，全校五百名師生（戰後嬰兒潮的高峰），大家共同種了五百株桃花心木，年深歲久，校園已經成為一處蔚蔚森森的蒼翠之地。白雲蒼狗，六十年後，而今學生僅剩四十多人，顯得蕭條。關於桃花心木林我開始收集故事……。

新化林場，全台最大桃花心木林，壯哉

新化林場就是「新化國家植物園」，原占地三百七十公頃，園區擁有半個世紀以上的半原始林。它的前身是「中興大學的實驗農場」，是台灣唯一低海拔亞熱帶林場，擁有全台最大的桃花心木林。為何是中興大學所擁有？來爬梳一下它的歷史：話說在日治時期，台灣的初等教育漸漸普及後，普通科中等教育也跟上來了，一九二二年創設了「台灣總督府台北高等學校」（台灣師範大學的前身），當是進入日本帝國大學唯一途徑。一九二八年，台北帝國大學（台灣大學的前身）正式創校，起初僅有文政學部、理農學部，以及附屬的農林專門部（中興大學的前身）。

所以，可以理解中興大學也是「日治時期的百年學校」，更嚴謹地說校史，她在成為台北帝國大學前，在一九一九至一九二八年之間，前身已經是「農林專門學校」。後話是一九四三年遷回台中，獨立設校。可以揣測那個時代統治者的心思：此「新化林場是日治時期的實驗農場」，是屬於日本人對於「未來亞熱帶、熱帶殖民計劃的研究工作之一」。

有了史觀，就容易理解中興大學為何有四處實驗林場：台南的新化林場、台中的惠蓀林場（日治時期，隸屬北海道帝國大學的「演習林」，歷史悠遠，占地約七千五百公頃）、台中東勢林場、新店文山林場。（補注：「北海道帝國大學」就是今天的日本北海道大學。）

根據中興大學實驗林場網頁所介紹的「新化林場」：

位於台南市近郊，主要供各學校相關系所師生教學實習及研究，場內遍植大葉桃花心木、柚木、摩鹿甲合歡、印度黃檀、鐵刀木、相思樹、台灣欒樹、黑板樹、痲竹、綠竹、刺竹……另尚有檬果園、荔枝園及葡萄柚與咖啡等。除可供為熱帶林業經營之示範外，尚栽植許多標本樹，是野外採集研究及生態教學的好地方，由於林木疏密適中，環境恬靜，是近鄰台南地區甚佳的遊憩及賞鳥地點，目前也是虎頭埤水庫的集水區。

在新化林場裡，「走在桃花心木林間」是漫步者的傾心理由，步道全長有十公里，微微起伏的路徑，許多地方都可以感受到「穿過林間的陽光，斑光點點」的浪漫。三月中旬是桃花心木落葉最大值的時候，有些林間步道是原始的泥路，當落葉鋪滿地面，穿梭林間之際，踩踏的窸窸窣窣聲音，療癒感十足。

二〇一二年，我第一次來此，理由不是桃花心木的落葉，而是百年錫蘭橄欖樹群的田野調查，日治時期一九〇一年大量引進栽種，樹齡都超過百歲。當年種植的理由，是橄欖果為鹼性，對於駐守在台灣的日本步兵水土不服有改善，它是當年腸胃藥。一九四五年，太平洋戰爭結束，日本兵走了，老樹留了下來，也留下了「醃漬錫蘭橄欖蜜餞」（果實堅硬，味道酸澀，要先煮過，再以糖來蜜漬）美食、養生的橄欖醋。

當年，時間點是六月的橄欖花季，拍攝著密密地沿著樹枝的白色總狀花序，五枚花瓣朝下，末端流蘇，整朵花像是撐開的白色傘面，也像舞會裡公主的蓬蓬白裙，好看極了。

錫蘭橄欖樹田調完畢，步行林間，驚喜遇見寬闊蒼翠的桃花心木林，樹直葉茂，由翠綠到青綠，中間雜著墨綠。驀然體驗如此森林風景，當時讚歎的心情，如今依然戀戀滿滿，說那裡有我文青歲月的番外篇驚喜。

高雄六龜，桃花心木兩公里綠色隧道，詩意

二〇一四年，受邀位於瑪家鄉的「茂林國家風景區」「觀光與考察」。公事結束後，「一起去六龜吧！」他們說以後管理處的辦公室，會遷移到六龜的新威森林公園裡。我接受邀約的理由，印象深刻，他們提出了我無法抗拒的誘惑：「新威的桃花心木步道，兩旁共栽種了一千一百株，都是超過五十歲的老樹，綿延二公里長。」

另一個理由是，未來幾年內此公園會關閉，直到管理處工程結束。「現在就去吧，三月落葉已經鋪滿散步小徑，厚度超過十公分，行走其中，沙沙聲響最是浪漫！此時四月，新葉也長出來了，新綠蓁蓁茂盛。」

「新威森林公園」位於荖濃溪的舊河床上台地，居民稱此地為「坪頂」，因土質優良，林務局在此廣植熱帶樹苗，稱之「新威苗圃」，占地三十甲，曾為全台最大的苗圃之一。交通資訊：從國道10號接上台28線，進入六龜，在45 K處，往荖濃溪西岸的台地。園區除

了大葉桃花心木，尚有兩百多種多元樹種。每年三月，許多花樹成群齊放，奼紫嫣紅，怒鬧山間。

二〇〇一年十二月所成立的「茂林國家風景區」，位於高雄與屏東之間，轄區南北狹長，共橫跨六個行政區。高雄東北三區：六龜區、六龜東北邊的桃源區，六龜東南邊的茂林區；屏北三鄉：三地門鄉、霧台鄉、瑪家鄉。

整個區域位於中央山脈玉山尾端西斜面山麓，地形大都是高山，屬高海拔林地（海拔從二三〇公尺到二七〇〇公尺），地形特殊，總面積約為九百三十平方公里，有豐富的自然景觀和原住民文化。「浩克慢遊」當年曾經前往紫蝶山谷，拍攝每年十一月到隔年三月，數十萬隻紫斑蝶出現在大武山的荖濃溪支流溪谷避冬的盛況。這一集名稱「那一天，大武山下」，走訪的是三地門、茂林。

二〇一九年，我再去新威，一個人的旅行，夢幻的落葉季節已過，遊客寥寥。這次我有備而來，一壺保溫咖啡，享受寧靜，一則王維的詩〈過香積寺〉，和「古木無人徑，深山何處鐘」的想像。

走在大葉桃花心木步道，筆直延伸，老樹彼此相距約三、四公尺，側看群樹彷彿如牆，綿延兩公里，深遠成廊，甚是幽邃。如果你第一次來，站在步道端點，遠望另一端，頗有物穆無窮感覺。黑褐色的樹幹相當粗壯，有些需要兩人合抱，粗裂的樹皮溝溝壑壑，挺拔大樹根深葉茂，暗綠新綠相雜婆娑，蔥蔥蘢蘢，光影其中，地紅天綠。

當下想起老友克襄，他是鐵道迷，每每獨行踽踽於南北小站，那是屬於他的浪漫。而我則醉心錯翠林間與老街舊巷，這是我的鄉愁。二〇二一年，克襄的新書《小站也有遠方》，寫著他走訪的五十二個車站與故事，動人婉約。而我，除了在節目中同遊之外，繼續孤獨走訪山麓郊野老樹與祕境小林，算是另類的無可救藥，我喜歡這樣的旅行。

台東197縣道，公路愛好者的祕境

二〇二〇年開始在台東都蘭隱居，偶爾旅行。有幾次，從花東縱谷的池上鄉，準備回到太平洋之濱的東河鄉。

路徑選擇一。池上出發，可以先走台９線縱谷平原往南，擦邊台東市區北端的卑南溪北岸公路，接上台11線，再一路北上。

路徑選擇二。從池上往北走台９線，轉台23線（富東公路，花蓮富里與台東東河之間）山路迂迴，路徑從花東縱谷平原，穿越泰源盆地、海岸山脈，可抵達台11線的蔚藍太平洋。

之後，到池上演講或是旅行，我卻喜歡驅車走１９７縣道，那是路徑選擇三。１９７縣道是當地人才知道的祕境公路，地圖上沒有著名景點，卻有吸引旅人的孤獨魅力。

公路的起點在池上。如果從鄉間田野的池上「０ km」出發，在４・５ km處有一座阿美族木雕藝術家的咖啡屋，稱之「４・５公里咖啡」，混搭風格的木建築，靜謐閒適，綠意可人。１９７縣道公路繼續前進，越過嘉武溪，進入關山鎮電光部落。

「浩克慢遊」在二〇一七年曾經走進電光部落，當年我們造訪了年輕農夫黃瀚夫妻，探訪他們努力、友善的有機麥田。我倆搭上小卡車前往，節目現場就在他們的溫暖小麥田裡，邊走邊聊邊拍攝。

當然，我們也與族人閒話，路邊喝酒。這一集「浩克慢遊」文青味十足，節目名稱「縱谷的雲霧緩慢翻動」，我們走遍了關山和池上大小景點。當年「浩克慢遊」在電光部落，我留下了小詩：

別人賞櫻，我們來找尋
縱谷月色曾經灌溉過的滋味
三月，風醺著這片麥田
這是我曾經夢見的思念

沿197縣道公路前行，車子離開電光部落，漸漸遠離人煙，進入寶華之後，路面成了鋪石路，顛簸而原始，長達十四公里。離開見樹不見人的碎石路，就是「鸞山部落」，鸞山（Sazasa），布農族說「這裡是一個甘蔗會長得高、動物會活躍、人會活得很好的一塊地。」之後，道路依舊「穿梭在原始森林裡」，這種「路過原始」，就是197縣道最迷人，卻無法具體說明的感覺。我第一次行駛其間時，屢屢停車拍照，流連山色與樹梢風。

接近197縣道末段，有一段視野極好的山稜，居高臨下，可以遠眺台東縱谷與卑南溪出海口，壯闊的太平洋映入眼簾。二〇二一年一月二十七日臉書，我是這樣介紹的：

兩天前，在台東兩場《向夕陽敬酒》新書發表會結束。星期一早上，穿梭197縣道，這是一條蜿蜒曲折的山路，沒有多少人跡，路況很好。北起池上鄉，南至台東市石川（阿美族的石川部落，位於台東市北端），全長約六十公里，是南北向的縣道。

它是許多公路愛好者的祕境。路過許多部落社區，有電光、白毛寮、鸞山、富源等。幾處視野開闊可以俯瞰縱谷，彎曲又有森林綠蔭深邃感覺。非常適合天光晴朗之際，御風而行。

停雲，我的桃花心木林私房最終篇

走了幾次197縣道，彎道也駕輕就熟，甚至有了「遛狗，走富源生態步道」活動。帶著毛小孩經過已經廢校的卑南鄉富源國小，屋舍半掩，校樹寂寂。前往利吉惡地富源大峽谷閒步，幾處蕉園，幾處野林，果樹恣意漫長，菜圃黃花爛漫，總有幾株老茄苳峙立道路彎處，晏然靜好。散步完畢，意猶未盡。

天氣宜人，天高雲遠，我盲行勇闖縣道岔路，路窄，不分東西隨路前行，幾個彎道，眼前愕然蒼綠掩天。咦?是大葉桃花心木森林!漫山鋪開盡是深淺濃淡的蒼翠高樹，千株聳立，大自然大手筆，在197縣道不經意地探索，竟然遇見「有一種綠叫森林綠」的世界，人煙悄然，落葉寂然。

鳥聲樹樹春，蔌蔌林中葉，這真是驚人的一方天地，不可思議的桃花心木森林和滿地落葉。宋代詩人孔平仲，一天他在馬背上吟詠落葉「朝煙坐蒼翠」。在此新綠森林，眼前厚厚的落葉，我坐下來，也躺下來。宋詞，我想應該是這般「坐臥蒼翠」描述。

風煙日暮，去欣賞桃花心木的凝碧一色吧!

「氣味一旦融合思想，我就成了調香師。」

這是偏愛東方古典禪意美學的讓・克羅德・艾列納（Jean-Claude Ellena）所言，有人稱他是俳句詩人，他用氣味傳遞愉悅感。一切美好事物，如果進而透過思想，層層疊疊，甚至縱橫千里，可能得有了純粹探索與樸實哲理交織的「拈花微笑」，佛學說這就是靈性獲得解脫。我說這是大自由，聽見宇宙的自由。

近年我的幸福感，得來的祕訣之一，則是「找到了自己的祕境森林」，這個祕境森林就是屬於每個人內心的香格里拉，神祕、和諧，也是遙遠和隔絕的世外桃源。

我的197縣道「世外桃源」是真實的，寂靜、無人、寬廣、隱密，近兩千棵高聳無雜的桃花心木林，遠超過二十五公尺修長俊秀的樹幹，素直參天，樹梢風動，樹底落葉鋪疊如床。

我坐下，曲肱躺臥其間，看天看雲，看樹影搖曳，看午後陽光嬉戲於亮綠葉片之上。這一刻，有戀人在側，有忠犬陪伴，也有清朝詩人孫爾准「臥聽漁歌無是非」的適然心情。

關於落葉的詩句，古人多是慨嘆歲月流逝，從悲秋到感傷自己是天涯孤客，唐代詩人王周含蓄說：「月冷天風吹，葉葉乾紅飛。」明代詩人龔詡有〈落葉吟〉：「落葉復落葉，階前漸積多。雖知無返期，未能忘舊柯。」說的就是心情落寞了。

「情多者怎見得落葉，慨然吟謳」成了文化潛意識。然而春天三月才落葉的「南美洲的移民樹」，不知古人見著了，好奇他們將如何吟謳？落筆？

如果，在春天，他們也遇見如此凝碧的桃花心木林，是否一樣像我舒心躺身落葉，望著樹梢間的藍天，指點「有停雲朵朵」？

4

心流，修剪水黃皮枝枒

二〇二一年三月二十五日，星期四下午，剛剛送走最後一波東北寒流，下午哺光清湛，可以借用王羲之在曲水流觴之際《蘭亭集序》的天氣感受「天朗氣清，惠風和暢」來形容。我在台東都蘭山下的一處山野小院，隱居幾天，剛剛趕完一篇欠債甚久的長文，走到綠樹爽颯的院子吹風。藍天白雲，清風徐徐。

話說東晉名流文士，暮春，他們在曲水邊錯落坐著，溪水蜿蜒，三三兩兩席地飲酒閒談，欣賞春日的自然風光，恬淡怡然。這一幕瀟灑出塵的雅事，羨煞千年來且走且留的眾多人生。三月的初春感受，我很少說它是「淡淡的」，卻屢屢想起東晉名士在此季節，幾杯閒酒之後，「當其欣於所遇，暫得於己，快然自足，不知老之將至」的時光感。

在都蘭，神懌氣愉修剪枯枝雜葉

「追逐快樂」從來不是我的生活選項，但是退休幾年之後，此地此際，多萌發了自然的呼喚，童年居住山城的懷舊時光，似曾相識的微妙感受，重新鮮明了起來。陶淵明說：「舟遙遙以輕颺，風飄飄而吹衣。」應該也是這般心情，頓然有了一種想要重新校正生活的念頭。古人總是在年長或是失意時，說：「歸去來兮，田園將蕪。」最終盼望回到家鄉，或是回歸土地。貶謫的文人說：「胡不歸？」那是很微妙的「心累了」的心情轉折，自觀後「渴望回家」的時刻。

散步庭院，西側是蔥綠帶有藍光的都蘭山脈，遙望東方，則是一水汪洋的黛綠太平洋。俯仰都是滿眼翠綠與山色清麗，關於春光與春花，資深中年後，開始有「看一次，少一年」的感慨。偶爾感觸一閃，又自覺不該為歲月流逝感傷，提醒自己應該記起蘇東坡當年貶謫黃州時所作之〈浣溪沙・遊蘄水清泉寺〉詞句，再一次想像他在雨中的江南初春，打起精神，抒慨昂揚振拔，呼喚青春的人生態度：

遊蘄水清泉寺，寺臨蘭溪，溪水西流。
山下蘭芽短浸溪，松間沙路淨無泥，瀟瀟暮雨子規啼。
誰道人生無再少？
門前流水尚能西，休將白髮唱黃雞。

庭院北側，去年寒冬，鄰居曾經剪修整片雜草，再放火燒了枯葉，結果順著東北風勢，把靠北的院子圍籬樹與一旁的水黃皮、小葉桑、苦楝、無患子、變葉木炙傷，殘枝敗葉情狀嚴重，羅漢松甚至枯乾了。雖然隨著季節更迭，春天已來，有了一些芽點新葉復甦跡象，但是那些殘存的大小枯枝卻是需要剪除，才能讓那些新枝未來有舒展的空間。我踅行樹下，端詳它們的榮枯，有了一些念頭。

於是我尋來鋸子、園藝剪刀、梯子等基本工具開始動手，剛開始隨性隨手剪除乾枯小枝，喀嚓一聲一聲，一陣子時間，欣覺這個太有療癒感。目光炯炯掃瞄，專注那些殘枝敗葉，有的鋸，有的剪，漸漸露出疏朗的樹形，成就感隨之而來，結果一發不可抑止，一場浩浩湯湯的修枝工程儼然展開。

心流，一種注意力處在沉浸狀態的無意識

修剪完整株碩大的水黃皮，驚覺已經一個多小時過去了，不僅除去枯枝，也把雜枝亂葉統統「用力」鋸除修剪，所裁斷掉落滿地的枝葉，層層堆疊。

發個簡訊給家人說：「現在樹相已顯大氣，而且陰氣盡消，親人，容易進出樹下。」一邊欣賞自己的傑作，一邊拿著剪刀繼續微調整，欲罷不能。酣暢淋漓之後的我，開始倒帶回想自己剛剛一個多小時的舉止，專心、無雜念，整個意識與動作完全合一，注意力處在沉浸狀態。那是一段「思想真空」狀態，有點陌生，但記憶深處也曾經發生過。我啟動「自覺自觀」審視……啊！明白了，原來那就是心理學家米哈伊教授（Csikszentmihályi Mihály）在一九七五年發表的理論，他說那是「心流」，flow。

什麼是心流？

它是特殊的精神狀態，當你在極度專注時，完全沉浸其中，效率和創造力提高，讓你忘記時間、忘記飢餓，甚至忘記所有不相干的身體訊號。米哈伊的研究中，提到心流其中之一特點為「主觀的時間感改變」，白話就是「可以從事很長的時間而不感覺時間的消逝」。他也說在此當下「反省、自我意識會喪失」、「憂慮感會消失」等等，而且同時會有高度的興奮感及充實感等正向情緒……喔，原來我剛剛愉悅地經歷了米哈伊所稱「最佳體驗」。自覺當下，我承認「從中感到極高的滿足」，像是一些演唱會上忘我的鼓手、進入化境的運動員、電玩遊戲的神馳投入……。

米哈伊是第一位提出此概念的西方科學家。但事實上，東漢以來一些佛家與道家的高手，已經運用心流技法在自我精神力的展現上了，甚至禪宗說心流可以練習。顯然，我是魯鈍的，後知後覺的，佛家可以透過打坐練心。聖嚴法師生命的最後，受到癌症病魔摧殘，弟子不捨，問他：「師父你痛嗎？」聖嚴法師回答：「會痛，但不會苦。」痛可以「自我觀看」，再以禪修的工夫脫苦。

在安平，上了一堂豐足的「修樹課」

清明長假，我在台南安平。鄰居好友邀來住在漁光島的盆栽達人東東到他家作客，以好茶交換專業，請他幫忙修剪陽台兩株大樹，羅漢松與真柏（五年前喬遷時，松柏常青，如松柏茂的吉祥大樹）。先是品茶，大伙閒聊一番，我們起身到開闊的陽台，東東開始門診樹形，小枝走向、葉子密度。

他一邊修剪枝葉，如鋼琴手在琴鍵上起落，一邊講解「修剪重點」，娓娓地從美學、盆栽學說起。我因為上個星期才修剪了都蘭的庭院幾株樹，多了一些經驗與心得，也知道自己知識的不足，所以東東的盆栽哲學「開示時間」，我成了最用功的學生，提問，也勤做筆記。

他解釋這株真柏已經五年沒有修剪，枝葉茂盛，但是神韻盡無。要先梳減密度過分的葉子，理由是「因為少，才會被看到」，不僅是盆栽老樹，即使是庭院觀賞的大樹也是這般態度。他說他自己每天醒來，尚未起床，已經知道自家庭院有那些盆栽今天需要修剪，它們正等著他起床。他解釋說他有許多退休的朋友，時間變多了，卻往往不知自己起床後要「幹嘛」，於是賴床、委靡、不振作。但是他自己因為每天沉浸於修剪植栽，過程中他期待著：它們未來會長成什麼樣子？什麼時候開什麼花？

東東鼓勵我們幾位開始在自家種植盆栽的退休人士，他說心法就是「經常剪，新陳代謝就會快」，有些小枝可以先進行第一階段小修剪。

稍稍修剪，是微距改變，也是改變，最後再來決定小枝的去留，或是改變樹枝延伸的方向。這個概念，跟人生態度完全一致，不要可惜一些枝葉，剪掉它，才會長出新芽嫩葉。「每個人都是一株好看的樹，只是被遮掩了」，修剪它，就是改變它。不接受改變，不捨不棄，就跟貪嗔痴不捨不棄一樣，等事情發生了，再來說「放下」都太慢了。

他進一步舉例說有一朋友肯定他的修剪專業，也欣賞他的盆栽作品，有一天她邀請他，到住家前院幫她修剪滿目猙獰枝葉繁盛的盆栽，結果正動手修枝剪葉時，她竟然掉眼淚，不捨改變，後悔直呼不要不要了……「後來呢？」我問。「以後不再去她家了。」哈哈。

她的不捨枝葉修剪，就是停止新陳代謝，不是念舊，而是停止夢想新的可能。

東東一邊細微小剪，一邊解釋著修剪的原則。從開始到結束，我粗算眼前這株真柏的修剪，三十分鐘，超過一千次喀嚓修剪的動作，斜枝梳理，密葉打薄，主枝則以粗的鉛線雕扭走向，大功告成。原來只見茂盛的綠樹，現在已經被詮釋成經過歲月淬煉，布局空間收放有度，展現真柏該有的生動氣韻，神形兼備，隱隱中有山水國畫中那些水墨滄桑的樹態。我欣然讚美，也向站在一旁尚未理解「未來美感」的老友妻子說：「像是剛剪完頭髮，會有三天呆。」幾天新葉萌發之後，你就可以完全領受枝葉在春風裡搖曳的舒暢感了。

這是一堂豐足的「修樹課」，而且來得剛剛好，正是我所需要的。

今年春天，我偶爾離開書桌，開始走向山野，走入菜圃，感受自然的節奏，面對榮枯，學習修剪與放下，享受「自由」。進入後中年，更明白了「仔細想想，其實沒有任何一件事是被強迫的」。所謂自由，不僅是時間或是空間，而是丟掉包袱，不要和自己過不去，更要會溫柔地對待自己、好好地愛自己。

一位九十歲的農婦，開始以舊報紙剪貼創作

日本的木村セツ老婆婆，日出而作，日落而息，她是一名尋常的農婦。年輕時嫁給在鄉野小村務農的小伙子，自此年年月月家務農事，養兒育女。九十歲時，臥病在床多年的先生離世。失去老伴之後，女兒發現了母親失魂落魄，陷入了空前的寂寞與空虛，日子像是踏空了一樣，生活失去了平衡與重心。

女兒試圖開導母親走出悲傷，學習像其他長者「獨立老」的生活模式，一個人堅定地過日子，但是談何容易。後來女兒建議母親培養新的興趣，嘗試做一點「新鮮事」排遣憂傷，如果可以，盡可能以創作、興趣填補生活的空洞。

於是木村老婆婆九十歲那年秋天，開展藝術創作生涯。以小學生的美勞課概念，她把每天讀完的報紙轉化成創作素材，透過剪貼，創作主題大多圍繞日常生活裡可見之物，如西瓜、壽司、小貓、青花菜、今午所吃的山藥泥飯、漢堡、鯛魚紅豆燒，甚至生活道具如茶壺、女兒節的娃娃、金魚缸等。

她以手撕、鑷子、白膠等工具，在以鉛筆繪製的草稿紙卡上作業，精準地貼上小小紙塊，光影層次分明，圖案精緻，配色細膩。木村セツ婆婆非常講究唯妙唯肖的細節，她流露出心內的愛與溫柔，也顯示她對事物觀察的精準與專注。

製作一張明信片大小的作品，大概需要六個小時左右。有時為了完成比較複雜的作品，甚至廢寢忘食，常常忘我地創作到深夜一兩點，不知時間涓涓而過，也不知疲憊，一只彎曲的檯燈，伴著她佝僂的身影，世界似乎靜止。

她說：「自第一幅作品起，便不能自拔地戀上創作。」除了超市的廣告傳單，現在她每天讀過報紙之後，便會開始收集素材，把剪紙以冷色及暖色系分開備料，然後再投入創作之中。

她的孫女為她開設了「推特」社交媒體個人帳戶，經孫女的宣傳，木村セツ婆婆的作品大受歡迎，在創作一年後，家人幫她推出首本個人作品集。「改變與學習永遠不會太遲」成了她的口頭禪，享受創作時「心流」感覺，則成了她晚年最夢幻的好事。

近幾年來，好友許悔之從詩人作家轉身藝術創作，他說那是沉醉的狀態，有時鎮日待在工作室，享受那種獨自一人的喜悅。「那種喜悅，創作的喜悅，如同於雪中生火。」

過人生，不要用趕路的方式

我小學五年級時，家裡經營製紙工場，規模不大，那是竹山小鎮特有的地方產業。把一年生長的麻竹，截斷、剖開，然後浸入寬深的大石灰水池，大約兩個月之後它腐爛了，成了製紙纖維材料。之後碾碎加工，磨成紙漿細屑，打漿處理，最終「像是製作宣紙的作業方式：抄紙」，以手工製造出的最原型粗糙冥紙。濕濕的，再經過壓紙排出多餘的水分。

第二天清晨，魚肚白的天空下，兩張兩張攤曬著它們。天晴日，參與製紙最後的曬紙工作，是我的童年。

離家很近的一座石灰水池有很厚的土牆垣，我常一個人攜帶僅有珍藏的幾輛火柴盒汽車，有工程車、各式轎車、水泥車等等，獨自在那堵土牆厚垣上，開鑿懸崖上的車道，架構迴旋山路上的隧道、架橋、停車場等設施。那是我放學後安靜的世界，獨立擘畫、施工，然後讓車子馳騁其中，這是我一個人的「蘇花公路」施工遊戲。五十多年後，迄今依然記得當時情境。年幼的自己常常專注其中，忘記吃飯、寫功課時間，「不知歸路，興盡晚回舟」。

中年後的我懂了，那是童年時光的「心流」創作時間。像是都市社區的公園，有一個小孩專心地在玩沙，他已經花了好幾個小時，在那個想像中的城堡裡，為了那些看不見的人物和故事，他專心致志地在創造史詩般的浩大工程中。

或是一位小獨生女，窩在家中一隅，她與玩偶們扮家家酒，也是專注，甚至投入角色扮演中，設計彼此對話，樂此不疲。不是打發時間，而是沉浸在當下，不知時間流逝，這也是許多女孩的「心流」創意時間。如同我的蘇花公路時光，還有公園裡玩沙的男孩，我們就像擁有全世界的國王，手上所做的事，帶給內心源源不絕的喜樂。當時不懂其中的「孤獨創作」意涵，現在明白了「一旦進入創作，畫家只能獨自一人」。

然而，我們漸漸長大了，有功課、同儕、升學壓力，這個「曾經忘我而喜悅時光的感覺」，便快速地消失在成長中。於是，我們用趕路的方式，長大、求職、工作、競爭、結婚、養兒育女……或許，我們必須等待一次偶發的契機，或許作息突然改變節奏，得到覺醒；或許在腳步踉蹌裡，得到啟發；或許年老了，透過自覺與學習；或許偶爾沉浸在獨自創作之中，重新回味全神貫注的心流，那個曾經的神馳忘我。

回歸、重建、甦醒淡忘許久「動手中，渾然忘我的喜悅美好」，我們需要努力召喚它們。

還沒有落葉的秋風，在台南美術館的藝術課

二〇二一年，台南市立第二美術館開了一堂有趣的藝術課，是成大醫學院老年學研究所白明奇所長所規劃，課程為「藝術介入老人與失智」系列之一。

台南市美術館開館館長潘播，在老年學研究所新書《藝術與高智》記者會，分享自己與白所長合作的經歷，他認為沒有一個人因為生病、沒有財富或知識不夠，就能被剝奪文化參與的權利。

白院長則說明有文獻資料指出，藝術治療能刺激認知，喚起情緒與想像力，進而達到舒緩失智患者身心症狀的正面效益。他的病患裡不乏因接觸藝術，病情轉穩的例子。曾有一位失智奶奶記憶錯置、混亂，認不出老伴，生活也無法自理，奇妙的是透過繪畫創作，老奶奶的情緒漸漸平靜，症狀減緩，最後更開了畫展，「老天奪走她的記憶，就會還給她藝術」。

我自動請纓，陪著朋友的父親前往上課，全班才六名學員，大家各自有家人陪同（他們也要求陪坐上課），講師一名、助教兩人。當天主題是「拼布年華，布貼畫」，講師跟大家招呼後，開場要求學員專注冥想，也引導大家深呼吸。然後他在白板上寫出幾個情緒字彙：快樂、生氣、害怕、傷心……他與學員互動，說：「你什麼時候是快樂的？」「發生什麼事，你會生氣？」「有沒有讓你害怕的東西？」「你上次傷心的時候？因為什麼事？」他讓學員說出來。

接下來，講師播放著他引導思維的簡報，一些生活老照片，陳述著早年的流行衣著，回顧不同於現在的「過去時尚」，照片有喇叭褲、小碎花裙、外套墊肩、不合身的超尺寸上衣……背景，則響著輕輕柔柔的民歌音樂，暗示那個年代的一切，企圖讓學員們回想起他們青春年代的林林總總。

主辦單位準備了豐富的材料：不同成分的針織、平織、花色的布料，顏色有別，觸感各異，也備妥許多緞帶、拉鍊、鈕釦、織物等衣服配件，供大家自由取用創作。

創作開始，大家要在一方B４木板上，畫出草稿（不畫也可以），不拘內容，直接裁剪布料，圖案顏色與形狀大小，自由發揮。剪下之後，以白膠將它們一一貼在木板上，像是沾著顏料作畫，作品有山有水有風景，有人臉五官的表情，有動物可愛模樣……。

這時我所陪同的長輩，開始賭氣，他雙手抱胸，不起身，悶坐在椅子上不參與選底色背景布料，低聲生氣地說：「我不會，我沒興趣。」他翻臉要走人了，工作人員好言勸阻，攔住去處，他只得重新坐下，繼續「雙手抱胸」。我耳語說：「阿伯，這樣難看。」他的手放下了，我們把幾個布片拿到他眼前供他選擇，不再抗拒，他挑了一張紅白細格子平織布，也動手剪布，開始塗抹白膠，再將它貼滿整個木板，當是畫作的背景。

這時，我發現阿伯的眼神改變了，他又剪出一個大大三角形，貼在正中央當是遠山……創作的內容或是藝術性高低都不是重點，重點是情緒已經平靜。他開始專注著手上的布片、配件與腦海裡的風景構圖，思考物與圖彼此的關聯性，作品漸漸成型。時間有限，過程中我也動手加入了他的創作，同時討論圖畫細節、布局的美感。

我停下手，看著他專注的表情與柔和的眼神，似有的微笑。

在《藝術與高智》新書記者會上，成大醫學院院長沈延盛表示，面對未來高齡社會，醫師不再只是開藥治療病人，藝術治療會是「高齡老人治療很重要的一塊拼圖」。

當天的美術館課程，我刻意要求前往觀摩，就是要在創作現場裡記錄課程的設計、流程、起承轉合，觀察那六位高齡學員他們在手作之際，那雙專注而炯炯的創作眼神，以及沉浸其中渾然忘我、神采奕奕的表情。顯然，大家在引導下，喜歡眼前的手動創作，接受這項挑戰，也樂在其中。我請教老師，他說手動創作的設定「要有難度」，但又不能太有挑戰性。當作品漸漸成形之際，成就感會源源充滿內心。如果，他們會期待下一堂課時，藝術與療癒的結合就算是成功了。

阿伯拿著自己完成的作品，供人拍照，我也看到他滿意的嘴角。我想他可能不知道，自己剛剛經歷了一場心流，走過一趟自動流發而來的喜悅與滿足感創作之旅。

從一首讓人心醉的禪詩，體會詩人心流的境界

唐朝的山水詩，風格多是歌詠隱逸、悠閒、愜意。但是〈題破山寺後禪院〉五言律詩卻獨樹一格，語言樸素，格律變通，美得讓人心醉。我們暫時擱置現代的修剪枝枒、剪貼彩繪、園藝作業等等心流創作，來欣賞一首千年來閒雅清警的禪詩。詩人他有古人好生活的心流意境。

詩人常建，他在開元十五年（七二七）與王昌齡同榜，進士及第。古籍記載他「大曆中，授盱眙尉，仕履頗不如意，遂放浪琴酒，有肥遯之志」。意思是他的官運差，只在江南盱眙縣擔任主管補盜、治安的小官員。所以他多寄身在琴樂與飲酒之間，有肥遯之志。所謂「肥遯」就是「飛遯」，它是《易經．遯卦》的話，飛遯就是世局混亂迷霧蔽天之際，遯退飛快，遠離紅塵，退下沉潛。

古籍也說他「後寓鄂渚，招王昌齡、張僨同隱，獲大名於當時」。三人住在武漢城外水濱野洲，常建說當時生活的型態是「貧士任枯槁，捕魚清江濆。有時荷鉏犁，曠野自耕耘。不然春山隱，溪間花氤氳」。他們仨當自耕農或是漁夫過過日子，閒走春山、溪邊。因為常建追求閒雲野鶴般的自在生活，使得他的詩詞文字顯得古樸深邃，閒靜淡雅。

〈題破山寺後禪院〉所說的破山寺位於江蘇常熟，本名為興福寺，歷史悠久，早在南齊時期（南北朝時期，南朝第二個朝代），由郴州刺史倪德光施捨宅園改建而成，因為寺院創建在破龍澗旁，所以當地人們喜歡稱它為破山寺。這首禪詩，抒發了忘卻世俗，寄情於山水之間的隱逸情懷，禪意中帶有心流境界，隱隱舒坦。

清晨入古寺，初日照高林。
竹徑通幽處，禪房花木深。

清晨登破山，我走進這座歲月悠久的寺院。曙光初見，和煦的晨光照映著山林。被竹林掩隱的山路，曲折通向幽靜深處。前後花木榛榛繁茂，禪房掩映半隱其間。

這裡的晨光讓詩人感到驚喜與陶醉，我們順著他的筆下描述，也能領略到這般美景空間。竹林中的小路與花木相掩的禪寺，常建以僅僅十個字，帶出超凡出塵的淡靜空間。這兩句詩，歐陽脩也喜歡，他說：「欲效其語作一聯，久不可得，乃知造意者為難工也。」意思是「如果僅是描繪景物優美，令人如臨其境，那是容易的。而能夠喚起閱讀者也身歷其境，讓人多了親切回味，那就難了。」

山光悅鳥性，潭影空人心。

山光明媚，讓飛鳥更加歡悅，噦噦啁啾。潭水清澈，也令人備覺爽神淨心。

常建的書寫技巧是以動襯靜，「悅」字是山鳥歡唱飛鳴，以鳥兒的活潑襯托山林的幽靜。「空」字則是見到優美景色之後，內心的安寧自適，無擾無愁。詩人走入這幽謐之地，立刻多了欣悅與寧靜，這也是現代人在疲累生活之餘，喧囂遠離，當進入了湖光山色，內心「瞬間」多會有安寧、平和、愉悅的強大感受。

這個境界，如同我們進入心流狀態，彷彿戴上除噪的耳機，世界突然靜寂，此刻心思純然，不覺地融入了雋永意境。我們全然專注在手上的創作活動，煩惱頓時擺脫，所有負面情緒遠遠退去，精神進入無憂無慮的滿意空間。當下，所有的雜念也都不存在，只有不易察覺的歡喜心相隨。這也正是我的「修剪枝枒心流後，反芻、追溯、倒帶後的回味感受」。

萬籟此都寂，但餘鐘磬音。

此時萬物都是安寧靜寂的。只聽聞鐘磬的敲擊聲音，悠悠遠遠。

靜訪萬物意猶未盡，忽然傳來陣陣鐘磬之聲，這古樸清幽聲響，打斷了常建的思緒，把他拉回到現實中來。五言律詩在此戛然而止，我們卻在詩文之外，也聽聞到寺鐘輕輕落落的鳴聲，禪意飄出。

如果，有一天我們可以恣意進入心流狀態，然後在鐘磬餘音中回到現實，那將是美好生活的成就。明年春天，我該起身去報名陶藝課了。

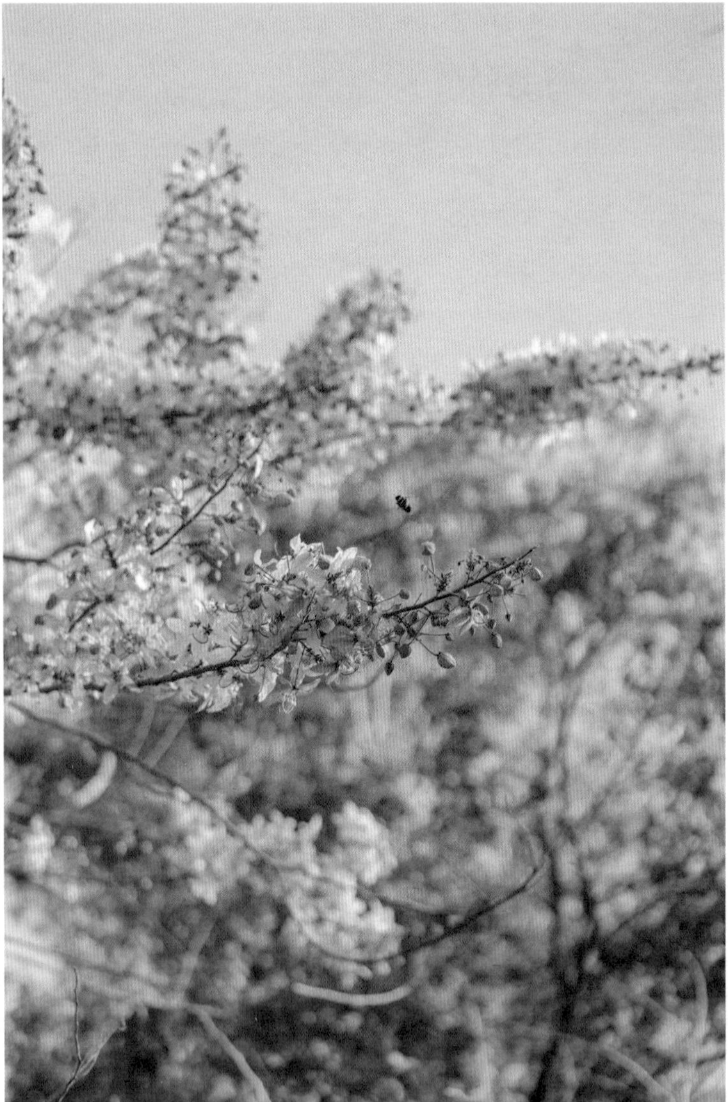

5 常保好奇心，每個人都有魔法

有時，我會慶幸活在這個世代。

讓我慶幸的理由很多，其中一項是「有宮崎駿和他的作品」。他創造出魔幻而又美麗的世界，作品將浪漫、夢想、大自然、環保、反戰、生存等理念注入其中，講述了一個個溫暖而感人的故事。與朋友聊天，偶會提到宮崎駿的作品，大家總會交流「你最喜歡他哪一部作品？為什麼？」

常聽許多人說「有一種治癒叫宮崎駿」，我最近重看了《魔女宅急便》（魔女の宅急便），因為得知原作角野榮子，在二〇一八年獲頒該年度國際安徒生文學獎作家獎。這位兒童文學作家的文藝成就如同她開朗的笑容，煦煦和暖。而今年，她八十七歲了，依舊創作不斷。東京都政府為了向這位偉大的作家致敬，決定要建造一座以她為名的「角野榮子兒童文學館」，特別邀請建築大師隈研吾帶領的設計團隊執行，預計在二〇二三年七月在東京江戶區開幕。風格一反隈研吾木造建築印象，建築以白色花瓣造型的組合屋頂最醒目，如同白花綻放，內裝則染上草莓色，這是角野榮子最喜歡的色調，也為建築添上一股夢幻的氛圍。

《魔女宅急便》作者角野榮子的想像力與好奇心

角野榮子所創作的《魔女宅急便》是大家耳熟能詳的作品。在一九八五至二〇〇九年之間，她前後創作了六集魔女宅急便系列，還有兩本番外篇，說的是黑貓吉吉的故事。

宮崎駿與吉卜力工作室的同名電影，只改編了她系列書寫的第一集。電影首映是一九八九年七月的事，故事描述十三歲琪琪是一個實習魔女，離開家鄉，到新的城市展開獨立生活。

獨立的她，必須自我修練，故事裡有一般青春期女孩的孤獨與挫折中的學習，也有找尋與現實共處的開展過程。

電影裡沒有的是第二集之後，琪琪逐漸長大，直到最後一集：她結婚了，有了一對雙胞胎兒女。角野榮子說，寫出「像琪琪這樣的少女，是從孩子邁向長大成人的邊界、不安定但精神成長的時期。能描繪這個世代的孩子，像心意相通一樣描繪下來，讓寫作非常開心。」

我重看《魔女宅急便》，因為好奇這位一頭白髮，已經八十七歲的作家，依舊活躍，不但積極經營ＩＧ，「誇張」的是她的衣服、居家都是草莓紅，一位充滿童心的婆婆。我開始好奇她的生命養成、她的書寫態度、她的人生哲學。我想認識她。

多次接受記者訪問的角野榮子，談童年，也談她為什麼能不斷創作出魔法般的故事。受訪時，回憶說著她出生於東京老街，五歲喪母，因為寂寞和不安，是個愛哭的孩子……那位五歲小女孩，愛哭是她自覺的開始，「坐在父親膝上，聽父親講故事」則是她凝視世界的開始。

五歲的她總是好奇母親去了哪裡，關於死亡的「初識」，小小角野榮子對「看不見的世界」特別感興趣、好奇。隨著年齡漸長，她在書本裡找到了「總是有好事發生的世界」念頭。閱讀，成了她的好奇心與想像力的起源，「我認為每個人都擁有魔法」則是她得獎後所說的深刻結論。

角野榮子於早稻田大學英語文學系畢業後，曾在出版社工作，二十三歲結婚，二十五歲與丈夫移民到巴西，途中歷經兩個月的船旅生活。她說一眼望去的海平面，就像「打開禮物的蓋子一樣，讓人心跳加速」，這是好奇心滿滿的人才會說的話。那個漫長渡海的時間成了想像力孳生的時刻。之後兩年的移民經歷，愛上森巴舞，也寫成出道作《少年路易，來到巴西》（ルイジンニョ少年、ブラジルをたずねて）小說，從此寫作不斷。二十七歲夫妻回到日本。

想像力，是角野榮子翱翔不斷的寫作能力，而好奇心則是提供她源源不絕的能量。於是，角野榮子說：「常保好奇心，每個人都有魔法。」好奇心讓每個人擁有一顆赤子之心。好奇生活中的有趣細節，也能發展成魔法故事。

「在我們的日常生活中，也許藏著很多不為人所知、不可思議又有趣的事情。我希望大家看了我的故事之後，可以抱著這樣的想像力和好奇心，如此一來生活一定會更有意思。」

記者也問她保持活力的祕訣，答案是「盡情享受自己喜歡的東西」。「人活在這個世界上，絕對不要那麼在意別人的眼光，這樣會活得比較愉快」。有時她還會被女兒笑說：「媽媽，妳太任性了。」

科學研究出「好奇心能增進智能」

創立於一九二二年的《哈佛商業評論》（*Harvard Business Review*），是國際商業世界最具影響力的刊物之一。二〇一八年十月號，曾經刊有一篇〈好奇心五大面向〉報導，心理學家彙集了大量研究，探討好奇心的許多益處。其中有論述：

好奇心能增進智能：在一項研究裡，對象是三到十一歲的孩童，其中好奇心強烈的孩童，與好奇心最低的同儕相比，智力測驗成績的提升幅度高出十二分。好奇心能增強堅忍的心性，或是「毅力」（grit）。光是描述你感到好奇的一天，就能提振心智與身體的能量，而且效果比回想深刻快樂的時光還高出百分之二十。

我們為什麼會這樣好奇？

好奇心是本能，是人類進步、文明發展的一個基本特徵。我們都有好奇心，但是對好奇的對象、程度卻是不同，甚至隨著年紀、生命境遇也會有所改變。

線上刊物「沃頓知識線上」，有一次訪問《我們為何如此好奇》（*Why? What Makes Us Curious*）作者馬里奧．利維奧（Mario Livio），問到：「到底是什麼在驅使著我們的好奇心？」作者回答：

好奇心分幾種，有幾層特徵，而且它們並不是由相同的事物驅使的。有一種叫做知覺性好奇（perceptual curiosity）。當有些事情令我們感到驚奇，或者有些事情的結果，並不符合我們的認知或自以為知的，我們就會產生這種好奇心。這是一種令人不悅的狀態，如處逆境。就像身上哪裡感覺癢，必須得撓一下。所以我們必須去找到答案，才能緩解心中的好奇。

另一方面，還有一種好奇心叫知識性好奇（epistemic curiosity），這是一種愉快的狀態，帶著對獎賞的期待。這是我們在知識層面的好奇心，也是一些科學研究背後的驅動因素。它推動了藝術品的誕生，推動著教育的發展以及等等此類事物。

我有一位這樣的好奇寶寶好友，他是一位高中物理老師，當對於一些知識層面感到好奇之際，他會啟動「偏執設定」大量閱讀、佐證資料，甚至身體力行體驗書本的論述。

比方說「身體活動，對於健康年限（患病狀態）的影響力大於生命年限（死亡）」的議題，他對此健康知識的好奇，會搜集諸多「健康年限與生命年限的比對」論述與圖表，仔細理解「身體經常活動或不動的工業化人類的一般健康年限和生命年限比較」。所以他進入健身房，這是他的「餘命健康管理」的一環，也藉由這個好奇心所引發的話題，他隱隱鼓勵我要多運動。

關於「每天要運動」這件事，我的家醫科醫師好友也告誡過我。門診時，他看著我的驗血報告，說「高密度脂蛋白膽固醇」數字持續偏低，要我多運動以增加數字。我辯說最近半年多有園藝耕種工作，他說：「那是勞動！」我又說每天傍晚有遛狗走山路，時間半小時，甚至一個小時，他打槍說：「那是活動！」勞動、活動都不是運動，所謂運動是……核心運動！它是核心肌群訓練，鍛鍊骨盆、下背部、臀部及下腹部的肌肉等等。

這位物理老師好友也是一位咖啡達人，專業等級，他對於濾杯的工業設計與美味之間，起了好奇心，從此一發不可收拾，收藏了二十幾個濾杯，講究咖啡磨粉與熱水之間的纏綿時間，最後如何分手俐落，不會拖泥帶水。

我在他的咖啡用具收納櫃，欣賞各種材質、杯內表面凹槽光滑或是粗躁，甚至濾水孔洞數量、位置、大小、排水角度等等一應俱全的濾杯們。幾天後，他傳來了一張濾杯照片，說：「又看到一個好有趣的『摺紙濾杯』，倒過來放就是富士山的形狀。」我的回話簡單：「買！」過了兩天，他說：「試過了，摺紙濾杯搭配蛋糕濾紙，泡起來咖啡很乾淨清爽。」

他的好奇心，讓生活多了理性深究與興趣擴延。

「好奇心能殺死一隻貓」，那是什麼話？

好奇心與生俱有，許多人在初老時，開始捨去好奇心的天賦，甚是負面地捍衛「好奇心能殺死一隻貓」的告誡。

「Curiosity killed the cat.」是英國的諺語。問你是否好奇「好奇心到底有沒有殺死貓呢？」維基解讀：「警告不必要的調查或實驗帶來的危險，警戒人們不要過分好奇，否則會給自己帶來傷害。」

這個諺語的典故其實跟好奇心一點關係都沒有。最早的版本其實是「Care killed the cat.」，而這個 care 不是照顧、看護的意思，而是煩惱、憂傷。後來直到一八九〇年代，才慢慢以訛傳訛變成今天的句子。作家史蒂芬．金（Stephen King）在他的作品《鬼店》（*The Shining*）中，對此諺語做出延伸：「好奇心害死貓，但滿足了就沒事（Curiosity killed the cat, satisfaction brought him back.）。」好奇心是需要被滿足的。

但是，從歷史的角度思考，世界上有些統治者曾經想方設法扼殺人們的好奇心。舉例中世紀時期（從西羅馬帝國的滅亡到文藝復興開始），那是長達一千年的「信仰時代」，好奇心幾乎被極端壓抑。尤其到了十二世紀，教會的權力達至頂峰，教皇逐步邁向西歐「共主」的寶座。教會一直向大眾傳達「上帝是唯一的存在」資訊，任何值得知道的事情都已經被人們知道了，好奇心無法幫助任何已經存在的知識，而且會帶來危險。

直到好奇心與探索欲，影響了達文西。他身處的「文化移動」時代，正是展開了波瀾壯闊的文藝復興運動，人類迎來新一波的文明與創新。

文藝復興時期，達文西的好奇心與想像力

話說畫出「蒙娜麗莎的微笑」的達文西，一四五二年出生於義大利托斯卡納的文西鎮。維基百科介紹他：李奧納多·達·文西（義大利語：Leonardo da Vinci，意為「文西鎮的李奧納多」）。他的全名：李奧納多·迪·塞爾·皮耶羅·達文西（Leonardo di ser Piero da Vinci，意為「文

西鎮皮耶羅先生之子李奧納多」）。達文西，是義大利文藝復興時期佛羅倫斯共和國的博學者，他被定位為一個有著「不可遏制的好奇心」和「極其活躍的創造性想像力」的人。

他是一名貴族私生子，沒有受過正規教育。但正因如此，他養成了自由思考的習慣（不是垂直思考，而是橫向思考者）。十四歲時，達文西被送到佛羅倫斯的委羅基奧（Andrea del Verrocchio）工作坊學習繪畫。當時，繪畫是一種謀生的技藝，非現代的創作學科。二十歲時，他結束了學徒生涯，成為了一名正式的畫師。

學藝結束後，達文西並未自立門戶，他持續與委羅基奧工作坊合作，時間長達十年。在文藝復興時期，工作坊除了販售或展出藝術畫作，還需要完成其他與藝術有關的工作，而他們最主要的工作就是為梅迪奇（Medici）家族的慶典表演服務，比如設計演出服裝、舞台機械、特效、劇場布景等。

工作是愉快的，達文西因此對機械產生了濃厚的興趣，他的筆記中充滿了一些創新、精妙的飛行器設計草圖，甚至有飛機螺旋槳草圖。直到三十一歲時，他離開委羅基奧工作坊，隻身來到米蘭。

來到米蘭，達文西向米蘭大公寫了一封求職信，在履歷信中，他歷數自己的各項才能，包括設計橋梁、暗道、雲梯、大炮、裝甲車輛、私人或公共建築。對自己的繪畫才能，達文西只提了一句：「在繪畫領域，我也無所不能，不遜於任何人，無論他是誰。」

我想如果定位達文西為一名藝術科學家，應該是得宜的。在他的筆記中，可以看到他的研究範圍十分廣泛，天文、地理、水、空氣、力學、飛行、透視、光影都有著深入的研究，這些研究有的被他展現到繪畫中，有些則完全是好奇與興趣使然，沒有目的。

到了米蘭不久，達文西瘋狂地把他所思考、觀察的東西畫入他的小筆記本。他最喜歡畫人，畫人們活生生的舉止：談天、歡笑、爭吵或相互動手時的環境和行為。對當事人的舉止，以及局外調停或旁觀者的種種動作，達文西觀察入微，並樂此不疲。

甚至，他也觀察蜻蜓兩對翅膀是如何拍起落下的。他將捕捉到的蜻蜓的運動瞬間與幾何學中的概念比較，得出結論「點沒有面積，線是點的軌跡」。達文西是天才，但是他的細微敏銳的觀察卻是來自他的強烈好奇心。

心理學家說：「好奇心是對自己所不了解的事物，覺得新奇而感興趣的心理狀態，它是一個人力求認知與趨向於解決某個問題的個性特徵。」

達文西談自己，說不斷引起他好奇的問題和現象，總能讓他不斷思考。這是好奇心加上「主動學習的興趣」的結果。他舉例因為好奇，所以「一定要搞清楚啄木鳥的舌頭是什麼形狀」。有了強大好奇心，了解為何舉凡科學、藝術、音樂、醫學、工程、建築、哲學甚至發明毒藥、武器等，他都樂在其中。

他真的是人類的斜槓人生代表，太豐盛了。

科學頑童的故事《別鬧了，費曼先生！》

再來說說一位也是好奇心滿滿的人，物理學家理察・費曼（Richard Feynman），因為量子動力學的貢獻，他成為一九六六年諾貝爾物理獎得主。這種大科學家離我們凡人太遠了，我注意到他是因為《別鬧了，費曼先生！》（*Surely You're Joking, Mr. Feynman!: Adventures of a Curious Character*），這是他的半自傳，是他的回憶編輯。

費曼從小就喜歡動手做小科學實驗，許多人對他拆收音機、電路實驗等總是敬而遠之。一次有人來家裡作客，他們聽到費曼正在進行實驗的聲音，憂懼地問：「不怕破壞了房子？」母親回答：「如果是，那是值得的。」

小費曼曾經與一群小朋友到森林探險，那時候小朋友們都會互相比較誰懂得比較多的鳥類名稱，看看誰的爸爸教他們的知識最多。當費曼被問到鳥類的名稱時，他總說他不知道。小朋友問他：「難道你爸爸什麼也沒有教你嗎？」

費曼在自傳說到，有一次他與爸爸在林中散步，看到一隻鳥。爸爸說：「理查，你知道這隻鳥的名稱嗎？我可以告訴你這隻鳥在不同語言中的名稱，但是，除了名稱、發音外，對於那隻鳥你其實什麼也不知道。我們不如來細心看看這隻鳥的生活習性，例如牠的身體外型、特徵、吃什麼等等。」

有一次，小費曼問爸爸為什麼把一個球放在玩具貨車上，如果把玩具貨車往前拉，球反而會向後滾？爸爸說：「如果你細心看，那球沒有向後滾，而是停在原處。」費曼回去再做一次，這次他伏在地上，從側面細心看著，果真看見球是停在原處，只是這玩具貨車被拉向前走，造成了球向後滾的錯覺。爸爸繼續說：「人們叫這個現象做『慣性』，可是沒有人明白為什麼。」費曼的爸爸雖然只是一名裁縫，但小費曼知道父親很了不起，已教會他真正獲得知識的方法：「順著好奇心去觀察大自然，並承認自己知識的不足。」

身為一個理論物理學家，費曼也去學畫畫，後來開辦了個展，甚至賣出高價；他自學非洲鼓，竟然能夠在去度假的時候，與當地的專業樂隊一起在大街巡遊；蜜月旅行時，他曾試圖破解古馬雅文明的文字；他也曾經因為好奇而去研究心理學和夢境，甚至練習如何控制自己的夢；他因為對生物學感興趣，當時已經是大學教授的他，竟然要求生物系的教授讓他與其他學生一起上課，一起做實驗、功課。

費曼的一生，隨時欣賞世界上每一件事物的美麗之處，這是常保好奇心最棒的地方。費曼有一位畫家朋友，兩人每個周末交換專長，他教費曼繪畫，費曼教他物理學。費曼回憶，他的朋友認為科學家把世界變成了冷冰冰的科學，把世界的美麗都除去了。可是，費曼並不這樣認為，他說：

世界的美麗是每個人都可以看見的。但透過科學，除了外表上的美，我們更可以看見大自然運作的美麗。

費曼不喜歡榮耀，但是榮耀靠近了他。諾貝爾獎委員會從斯德哥爾摩打電話給他，恭喜他得獎了，費曼反而責問對方知不知道現在是美國深夜時間？他不喜歡得獎，他認為變得出名只會為他帶來煩惱。所以，他問太太，他應不應該接受這個獎？妻子回答：「如果你不接受這個獎，你會更加出名。」於是，他無可奈何地接受了諾貝爾獎。

好奇心讓人保持前進

「善待問者，如撞鐘，叩之以小者則小鳴，叩之以大者則大鳴。」提問者是撞鐘人，講者則是被撞的那口鐘。我喜歡在講座後，盡量回答一些提問，那是我在腦筋熱機後，最清澈最有力的時刻，有時候「會驚訝自己剛剛那一段精采回答」。

《禮記．學記》這句話的後面是「待其從容，然後盡其聲」，意思是「撞鐘的人一定要從容不迫，然後鐘聲才會餘音悠揚傳之久遠」。每次我在演講結束，喜歡Q&A時間，當我傾聽「撞鐘人的問題時，我已經知道他念了很多書和資料」，他已經傳來濃濃好奇心，我總是振奮地回應。

為什麼人需要有好奇心？

追根究柢，當你對某件事物、思想抱有疑問、冒出想要了解的念頭時，即是有了好奇心，進而有了動念去尋求知識，進入學習和行動階段。沒有好奇心，對外界一切事物無感，一切照章行事，也許一樣能好好學習、好好工作、好好過日子，但卻無法精進某個領域，或看不到暗柳背後的花明絢麗，因為「沒想過」探索未知。我總想，沒有好奇心的人，或許他能好好過日子，但是絕對不能「過得美好日子」。

好奇心會隨著年齡而遞減，要如何保持發展呢？

二〇二二年七月十六日，龍應台在她的臉書貼出「在倫敦 Notting Hill 走路」文章，她說「二十四小時在飛行的途中，一落地，就走路，今天做到了『走路實踐守則』第 1、11、18。」那就是走一條沒走過的路、走進一片曠野、進入一片森林。

幾年前遷居台東都蘭的龍應台，開始書寫《都蘭山中野書》，這是她繼《大武山下》之後的雜記。二〇二二年二月出版《走路：獨處的實踐》，龍應台說現在「走路是新的獨處」，專訪她的《50+ Fifty Plus》雜誌的標題「打開所有的『覺』，每一年做一件超過的事」。

從看落日的大武山下，移居看日出的都蘭山下，她說多了餘裕，九點入睡，五點起床，每日第一件事，是到庭院看日出，「看著遠處的山一層一層地亮起來，雲開始亮，鳥開始叫」。以前擔任文化部長時「看不下去的東西要改變它」，那是理念信仰的期待。現在「我會沉思，我自己所剩時間不長的前提之下，我最重要的事情是什麼？」

她的七十歲新書《走路：獨處的實踐》，除了說說「與自己單獨有約」之外，我覺得最有趣的內容是「我覺得走路的樂趣，不應只是運動，而是把你的所有的『覺』，全部打開的一種鍛鍊。」我以為那就是「初老之後，保持好奇心的鍛鍊」，「有察覺的走路」除了運動功能，它多了深度探索、廣度視野、強度意志的自我要求，過程中多了熱情，多了趣味與沉思。

她在「走路實踐守則」列出清單：走入一方田、了解一棵樹、去菜市場跟十個人說話、跟著水聲走、認識一個從前不認識的人、去一個沒去過的村……繼續走，成了她好奇心的滿足。

關於龍應台的領悟與實踐，這也是我二十多年來寫作以來，一路田野調查、旅行、講課、「浩克慢遊」拍攝等等行動的堆累心得。我是幸福的，多年來用腳滿足我的好奇與學習，用胃滿足我的食欲與「味之道」。

二〇一七年「浩克慢遊」獲頒金鐘獎生活風格節目最佳主持人，我的得獎感言草稿：「謝謝金鐘獎與製作團隊，謝謝一切當我們旅行在水田、部落、山野、小鎮、老街等等所遇到的每一個人，是你們一起把這座獎舉起來的。」

二〇二二年「浩克慢遊」入圍金鐘獎，雖然鎩羽而歸，那一夜我準備的得獎感言是：「這三年的疫情關係，旅行不再鵬程萬里，不再乘風破浪，但是旅行在這座島嶼上，卻發現小橋、流水、人家，更加動人與難得。」

感謝旅行時遇見的大家，我們所遇到、受訪、初識的他們，大家都有自己的故事，受訪者的見解也永遠豐富著我的好奇心。我以為好奇心，不會隨著歲月而遞減，但會隨著你對生命「不再熱情」，漸漸降溫、消逝。

所以，要繼續「努力」點亮好奇心，然後秉持信念：這世界很大，保持好奇心比懂很多更重要，而且它可以使得我們聰明慢老。

6 幸福，就是你的尾巴尖

什麼是幸福？

幸福不應該是電影事件：戲劇張力、恍然逆轉、高潮起伏、峰迴路轉。幸福應該更簡單一點，它不是爆發力的空間，而是續航力的時間。心理學的「幸福感」定義：「是一種主觀的心理感受，是人對於生活滿意度的主觀認知，也是個人對於快樂、愉快、滿足等正向情緒，以及生氣、悲傷、不平等負向情緒的整體知覺。」

非常平面、沉悶的文字描述，非常蛋頭學者的答案，是不是？

定義說的就是「美好生活時，那個感覺」，不是大富大貴志得意滿，也不是功名利祿青雲漫步，而是自問「你對自己的所做、所為、所感，滿意嗎？」「你對自己的生活滿意嗎？」

幸福，是一種普通、平凡的狀態。如果你的答案是「我感覺積極」、「我通常心情很好」，當生活對你來說是順利的，那就是幸福為何物的答案！

我在自序〈每一朵玫瑰都有自己的荊棘〉第三段說：「有一隻小狗問媽媽幸福是什麼？媽媽回答說：『幸福就是你的尾巴尖。』於是小狗試圖追逐自己的尾巴，幾個轉圈圈後，又累又喘的牠，問說怎麼努力總是搆不著。媽媽說：『你沒必要用力去追逐，只要你抬起頭，往前走，幸福就會跟著你。』」

心理學家研究「女生笑容程度和婚姻幸福的相關程度」

幸福除了是一種普通的狀態，它還有第二張臉：「有一刻，你感覺到積極」、「有一刻，你愛笑」、「有一刻，你注意到你並不悲傷」。

內心感覺積極，通常是心情很好。至於「愛笑」這件事，有些心理學者把它搞得複雜，說：「每天都笑，是真的快樂嗎？」「如果一個人特別愛笑，說明他的內心深處有特別的悲傷。」日本知名心理學家澀谷昌三，他在《行為心理學》裡，娓娓解說著從「笑的方式」看一個人是否真心快樂。澀谷昌三言之有物地說出六種常見的「笑的方式」，他一一分析每個方式所代表的「淺在個性」。其實，幸福沒那麼複雜，我以為「愛笑的人運氣通常不會太差」。

「有一刻，你愛笑」，那是潛幸福悄悄現身，負向情緒退散。當然，那也是一種正能量的展現。

有一心理學家選擇了加州一座私立女子學院的畢業生，他要研究「女生笑容程度和她們的婚姻幸福的相關程度」。他先從尋常可見的大推頭畢業照裡找人選，發現，照片中除了三個女生沒有笑，其他的都在笑。但有的人笑得很開心，很真實，眼睛眯著，有光，有神采；

有些人雖然在笑，皓齒外露，但眼睛不笑。根據這些女生笑容程度的差別，心理學家給了這些女孩子們的笑容評級。

然後經過十幾年的長期追蹤，他得了一個結論：「笑容評級高的女生更容易結婚，未來的婚姻生活也會更加幸福。」你當然可以反駁：「誰要結婚？」但是你不能反對「與他人一起融洽生活，是獲得幸福的一種方式」。

微笑，能夠讓我們身邊的人感受到我們是積極的、友好的、開放的、易於相處的。而這些都是良好關係的開始，在生活中，我們經常會遇到一些愛笑的人，也會自然覺得他是易於親近的。

數學有個「若且唯若」的邏輯理論，某個陳述是另外一個的充分必要條件。「若且唯若」的英文是 if and only if，它是雙條件句，我們可造句：「幸福感 if and only if 高評級的微笑。」雙邊的說法：

真誠開心的微笑，是來自內心的幸福感。

當幸福來敲門時，你會展露真實的微笑，變得喜歡笑了。

「有一刻，我感覺到積極」的三種簡單美食任務

如果你能讓他人產生「有一刻，感覺到積極」，讓生活沉悶的大家，有了一些心思撩動、歡喜心微微波瀾、好奇關注……我「自以為是」認為，這應該是個有意思的事，值得挑戰。於是我在臉書連續發表三篇文章，企圖引起大家的「按讚與分享」，我想根據話題設定與臉友回應，來證明「幸福，是有空閒時間專注一件小事」。

自忖，如果按讚與分享的人數明顯增多，回應中也多了留言「好有意思喔，我想也試試看」，那麼「什麼讓我們快樂？」的大哉問，可能會有答案。心理學家說：我們的思想，會產生「對那些我們認為會對我們帶來幸福的事情」的動力。

有一些非常簡單的事情，會給我們帶來快樂，那就是「有時間做了某事」的滿足感覺。心理學者說「有空間、時間專注於任何事情，我們就會開始感到快樂」。寫美食是我的專長，《節氣食堂》有吃春、吃夏、吃秋、吃冬的食材與食譜，「感覺到積極」企劃案準備輕鬆上路。

於是，我連續貼出了三篇「吃夏」：西西里咖啡、無敵綠豆湯、高營養黑蒜頭。我想用簡單有趣的日常美食，「撩起、攪動、撥弄」大家ＤＩＹ的興趣：試試看這個盛夏滋味、自己動手「吃夏」、專注眼前這件小事的樂趣吧！

西西里咖啡：調配自己專屬口味的檸檬冰咖啡

二〇二一年六月二十九日星期三——

傳說，西西里商人為了掩飾劣質咖啡豆的味道，在咖啡裡加了濃郁檸檬汁。果然他的狡計得逞了，但是人們卻發現檸檬果酸超搭咖啡苦味，如果再佐之黑糖的香醇與低調，讓人愛不釋手。

有人因此稱之西西里咖啡，或是引申為羅馬咖啡，但終究自此有了檸檬冰咖啡這對佳偶，成就了盛夏時刻咖啡控的救贖。

我專屬的西西里咖啡製作方法：濃縮咖啡 espresso 倒入搖搖杯，加入四勺黑糖粉、幾顆冰塊、半顆檸檬汁、米粒般大的鹽粉分量、酌量冰水。開始狂搖，倒入玻璃杯。下半段是酸咖啡，上半段則有滿滿泡沫，再撒上些許黑糖細末裝飾其上，也可以綴飾醃漬過切得針狀的檸檬皮絲（事先用削皮器輕輕削下綠檸檬薄皮，再將它切成細細長條，以冰糖、鹽與檸檬汁醃漬兩天）。製作簡單，風味萬千，這是我的夏日幸福。

喜歡關注各地的個性咖啡屋，在暑天總推出自己獨特風味的檸檬冰咖啡。旅行中，遊走在不同小鎮的咖啡屋，探索咖啡達人的夏日滋味詮釋功力。靜心，先啜一口泡沫，理解職人在夏天高溫下，所調味出迷人的消暑風情，然後在樹蔭下小寐、放空。

自己動手，宇宙最好吃的無敵綠豆湯

二〇二一年六月三十日星期四——

因為書寫了《節氣食堂：我是農產品促銷員》，常常得有機會到處演講。近兩個月我喜歡把講題訂是〈吃夏，餐桌上的世界地圖〉，說說夏天的著時食材料理。講座中有綠豆話題，其中「宇宙最好吃的無敵綠豆湯」料理，是最受歡迎的項目之一。許多人知道我「僅是說了一口好菜」，今天下午自己煮了一鍋綠豆湯，也拍了一些照片，就來獻寶吧！

烹煮祕訣有三：炒豆香、少水滾、微加鹽。

先取出綠豆量十分之一（5%亦可），搗碎，以文火炒香，備料。乾鍋裡不加任何油，我今天大約乾炒了五分鐘，翻炒到將焦未焦之際。

其他綠豆則預先泡水兩個小時，再把泡水倒掉，以新水重新洗過，可以上爐滾煮了。提醒，記得水量不能過多（隨時補水），以避免綠豆在沸湯中「拚命跑跳碰」以致皮開肉綻影響口感，維持顆粒完整，這樣才能咀嚼到完整的顆粒。

綠豆鍋滾開後，即可將細碎的炒香綠豆加入熱鍋裡，這一部分是要增加湯水的濃郁口感，而且更添增「微微有花生濃香」的湯味。湯沸，如果有浮在表面的細沫，記得要撈掉。最後加糖，我用的是冰糖，也加了一點點點的鹽（絕對不能讓人察覺「裡面有加鹽？」）。顆粒完整、湯色濃郁，無敵綠豆湯大功告成。

黑蒜頭，它是時髦的健康的好東西

二〇二一年七月一日星期五——

朋友一下子買了太多蒜頭，問怎麼辦？我說來製作黑蒜頭吧，自己ＤＩＹ。工作時間約二到三個星期。大蒜，是活力的王者。近年有二・〇版大蒜：「超級健康蒜：黑蒜頭」，它真是個時髦的、健康的好東西。熟成的黑蒜頭，除了維生素較多，胡蘿蔔素含量多了一倍半，更富有多種水解氨基酸，可當零嘴吃、煮黑蒜頭雞湯、黑蒜頭家常煎蛋等等。

但是坊間的黑蒜頭很貴，因為其製程相當繁複，費時費工。我僅用大同電鍋（家裡多餘的，暫時沒用的），鍋裡擺上不鏽鋼架，鋪上烘焙紙，直接疊放一層一球球的蒜頭（不清洗、不剝皮、保持社交距離），蓋上鍋蓋。插電，選擇「保溫」狀態（不需添加任何水分），什麼事都不要做，交給電鍋開始「煉丹」即可。

我靜等了十五天低溫發酵過程，讓白蒜頭經過酶化作用，自然發酵。今天打開檢查，試試口味。深褐色，尚未完全變黑，判斷可以再等三五天，即可收成。沒有刺鼻的大蒜嗆味，試吃：微酸輕甜，有點蜜餞口感。

你也可以自己動手製作，工作日約十五到二十天。收成時檢查表面，如果有些黏黏的水液，可以直接放在乾淨容器上，再風乾個幾天，完美完成，保鮮和冷藏即可。

耶魯大學創校三百多年來，最受歡迎的課程：快樂學

當然，並不是這幾種尋常平凡的小食，就可以讓你有幸福感。而是在「尋找幸福」的路徑上，要知道「幸福練習：專注小事」這件事，茲事體大，重要的是：它可以學習！

創校已經三百多年的耶魯大學，有一堂有史以來最受歡迎的「心理學與好生活」（Psychology and the Good Life）課程。由認知心理學教授勞麗・桑托斯（Laurie Santos）開課，她在二〇一八年開設了「快樂學」。四十二歲的她以正向心理學為基礎，探討人為何感到幸福？該如何活出快樂而有意義的人生？

開課的第一年，到了期中考之際，學生進了教室，老師宣布今天的課堂主題：「沒有課堂。」但有兩個規矩：一，不能把這七十五分鐘的自由時間用來溫習其他科目；二，他們必須好好享受。這一堂特別的課程並不是要他們休息，而是要他們放鬆，練習沉浸在愉快的感覺中。

簡單嗎？對於正焦慮在學業壓力的學生，即使只是一個小時，放鬆是奢侈，更是挑戰。從開課以來，桑托斯傳授了人們對快樂的誤解、人的思考模式是如何讓自己自尋煩惱。內容上，她教授了幸福的神話、我們的思想如何欺騙我們的方式等等。課程中，她不斷要求學生以學到的知識去實踐、去改變自己的生活，甚至還要他們教授和感染別人。美國多年來一直有全國調查，發現超過四成的大學生曾經感到「極度焦慮、無望」，耶魯大學也統計出超過一半的學生，在學期間曾經尋求心理健康輔導。

桑托斯認為大學生應該是陽光的，是黃金歲月的，但是現在他們大多不快樂、壓力山大。她擔心有一天他們回顧這段日子，結果是「發現自己像瘋狂賽跑的老鼠，沒有一刻是停下來的」，那真是糟糕。

課堂中，桑托斯從所謂學生的「人生勝利組」舉例：有高分數、很棒的實習機會、薪資優渥的工作、更富有、更美麗英俊……都不能帶來真正的快樂。她進一步說：「如果，以為購買某些物品或衣服，我們會感覺更好」，這些都是「我們告訴自己的謊話。」這些都不會讓我們更快樂。

當大腦告訴自己一些謊話，同時它「不會促使我們去尋找真正讓我們更快樂的東西」。「心理學與好生活」要教的是：有一些非常簡單的事情，會帶給我們快樂，那就是「有時間做某事」的感受。

幸福練習的第一步：擠出空閒時間，享受一次美好小食

所以，我們反芻一下自己的經驗：當你聽到美食家在廣播暢言他的大快朵頤經驗，我們不容易有共鳴，因為「它跟我們無關」。在臉書，看到美食家貼出特殊食材的料理，豐盛繽紛的美食照片，生動而精闢精采的描述文字，你可能禮貌地按讚，但不太會分享。聽聽、看看、按讚，這些事我們無法模仿與體驗，僅增加了視野與知識，與快樂無關。

我的三篇分享文：西西里咖啡、無敵綠豆湯、高營養黑蒜頭，在意的是，得到的分享次數與留言的品質，希望這個小實驗能支撐我的「幸福練習說」。三種有趣的、簡單的、帶有小小挑戰性的美食，「你也可以體驗，無關生活寬度，無關美食家的誇誇其言」，試著「擠

出空閒」動手、感受，只要一次就好，自己去創造小小幸福時光。我以為，這是幸福練習的第一步。

經過星期六、星期日，讓三篇臉書資訊陪大家周末放假，暫時不再貼上新文。星期一中午，我統計兩處臉書上的結果，按讚人數、留言則數、分享次數：

西西里咖啡（5天）：3362・70・98
無敵綠豆湯（4天）：2734・58・270
高營養黑蒜頭（3天）：2695・59・167

人數不是什麼石破天驚，但算是近年來我所有貼文的高峰了。朋友常笑我，我臉書上的讀者多是愛吃鬼，貼建築古蹟欣賞、退休慢老心理、人文心得的人數相對有限（旅行文章算是好的）。對於他的玩笑，這沒啥好訝異的，「看到貓就按讚」本來就是王道。

半年後，我再來貼文說說「吃冬」。

幸福是什麼，你心中一定有個答案

沒有經過忙碌，對於淡淡恬靜的領悟一定少了一些；沒有擁擠豐滿，對於空白、留白的美學一定感受不深；沒有經歷刻骨銘心的悲痛，無法通透領略「明月來相照」的療癒。未曾痛哭過長夜的人，不足以語人生。

你的心中一定有一個答案，幸福是什麼？

辛棄疾說：「溪邊照影行，天在清溪底。」那是郊遊踏青的幸福。

宋祁說：「綠楊煙外曉寒輕，紅杏枝頭春意鬧。」那是漫步東城訪春的幸福。

白居易說：「晚來天欲雪，能飲一杯無。」那是雪夜與友人共飲的幸福。

蘇東坡說：「雪沫乳花浮午盞，蓼茸蒿筍試春盤。」吃了鮮嫩的春菜，午後再來一盞茶，茶湯上盡是滿滿濃郁的雪白茶沫，那是宋朝時期流行的「食茶」，也是蘇東坡的幸福。

「食茶」過程是：將細細的茶末粉放在已溫過的茶盞，再用沸水以小水柱沖注，這個動作叫做「點」。熱水沖注慢慢進行，同時以竹製的茶筅，像是竹刷的東西在茶湯裡攪拌，手腕不停地攪動繞圈，快速卻優雅，這個動作稱之「擊拂」，它使得茶末與熱水充分均勻混合成乳綠色沫餑，一層非常細緻的白色泡泡。如果茶湯泡沫均勻濃稠，它會緊緊地黏著茶盞，這是最高境界，稱之「咬盞」。顯然，飯後這杯咬盞的茶沫讓蘇東坡滿意，這是當下的小幸福。他又說「人間有味是清歡」，這是美食家的境界。

關漢卿則說：

舊酒投，新醅潑。老瓦盆邊笑呵呵。
共山僧野叟閒吟和。
他出一對雞，我出一個鵝，閒快活！

那是關漢卿的山鄉生活的閒適與悠然自得，自釀酒，自備菜。醪酒已經再次濾過，新酒也釀造出來了，大家圍著老瓦盆一個個笑呵呵。在鄉野，與老僧野叟對飲，唱和詩歌，沒有身分的矜持，唯有自然的山情野趣，自在快活。

顯然古人比現代人更好滿足，透過詩意，更能享受簡單的生活細節，現代人的身上所背負的重擔已經遠遠超過古人。

追求幸福這種事，也只有自尋煩惱的人類才會做

二〇二二年七月初，家裡多出了四隻小乳貓，都是灰色虎斑貓，不同的灰階。打算留養一隻，頂多兩隻，所以開始物色領養家庭。時間荏苒，看著牠們漸漸長大，天真無邪靈萌的樣子，內心糾葛，不捨送走任何一隻。掙扎後決定「一個都不能少」，全部留下來吧，從此展開快樂的貓奴人生。

我開始對這些萌貓的況味生活，有了更深的觀察與學習。

當年我在研讀《易經・无妄》之際，曾經努力理解「无妄」的定義，大部分是「沒有任何慾念、計算的純粹無邪之心」，還是不容易懂，對不對？蘇東坡解釋說就像是剛出生的小乳貓、小萌狗一樣，牠們所散發出來的生命无妄氣質，這是我們似曾相識的純真感覺，也有了相對應的無私、無我、無貪、無嗔的微甜心情湧現。

英國政治哲學家、牛津大學教授約翰・葛雷（John Gray），著有《貓哲學：貓與生命意義》（*Feline Philosophy: Cats and the Meaning of Life*），他所揭櫫的觀念是「追求幸福這種事，也只有自尋煩惱的人類才會做」，從書封的文案，我好奇作者的生命意義論述。書本封面介紹他「四十年貓奴經歷的哲學教授，向主人學習生命之道」，讓我莞爾的小文案。

書本透過「貓性與人性」的差異，本著貓咪哲學家的口吻說著：「不要在自己的痛苦當中尋求意義。」

每一個人的美好人生都不是出於選擇，而是發現得來。

就算我們的美好人生，來自於我們認為是自己做出的決定，然而，我們的經驗也不是由我們所決定。

所謂美好人生，不是你想要的人生，而是能夠讓你獲得充實的人生。

我看著家裡小貓們漸漸長大，牠們無憂無慮，吃飽了便爬上貓砂，扒了幾下，再嗅一嗅有沒有氣味外洩，然後幾隻就相互追逐、扭摔，甚至外出爬樹，企圖捕捉蝴蝶。玩累了，兩兩相擁酣睡，因為牠們身體的柔軟性，經常可以做出奇形怪狀的睡姿，或是四隻蜷縮睡成一攤，如同填充玩具恣意交疊。牠們的睡容安詳，憨態可掬。看著牠們熟睡，我認為夢鄉那裡就是天堂的休息區。

生活中，有的好奇我在洗碗時的每個動作，有的玩弄妻子的化妝品。有時牠們躲入衣櫥裡玩躲貓貓；有時優哉游哉曬太陽打盹；有時在電腦鍵盤來回踩踏，文章多按出了幾個字；有時牠們在腳邊磨蹭，用曲捲的尾巴纏滑過小腿，安詳地睡在你的大腿上……，牠們就是小貓，沒有設限，沒有顧忌，當你懷抱著牠們，聆聽腹部所發出愉悅的咕嚕咕嚕共鳴聲，那就是彼此的滿足。

當下，你會發現世界真的變慢了，心變得靜了。

打理牠們，深深感受四隻的活潑喧鬧，遠比起一隻的孤寂恬靜更有趣，所產生群體的生態更加豐富與忙碌。我自樂升任貓奴，貪戀著雙手捧抱牠們柔軟暖絨的身子，而牠們一臉萌樣與你四目對看，我認為那就是臨時停靠幸福的時光。

《貓哲學》談的是，牠們沒有需要向我們學習的地方，但是我們卻可以從牠們學習如何卸下一些重負。而我體會的是「貓哲學」：凝視牠們，會發現自己的純真年代尚未遠離。貓咪，是來教我們玩耍。

二〇二二年電影《喜悅：達賴喇嘛遇見屠圖主教》

二〇二二年八月台灣院線電影《喜悅：達賴喇嘛遇見屠圖主教》（*Mission: Joy - Finding Happiness in Troubled Times*），陸續在幾個大城市上映。台東市不在播映的城市名單裡，有人號召包場，最低人數九十人。我響應了，陸續有消息傳來，人數已經達陣而且超過，換了更大的廳場，放映日期是中秋夜的前一天。

在二〇一五年，兩位諾貝爾和平獎得主、宗教智者、心靈兄弟：八十五歲的南非榮譽大主教戴斯蒙．屠圖（Desmond Tutu）、八十歲的西藏第十四世達賴喇嘛，他倆在印度達蘭薩拉相聚五天，共敘友誼，並攜手回答來自全球關於喜悅的提問。這是兩人第六次的會晤，也是最後一次。屠圖大主教於二〇二一年底去世。

九十分鐘的紀錄影片中兩人娓娓道來，也趣味橫生，對談著比「幸福」更高層次的「喜悅」：讓生命回到喜悅，重新連結你我之間。

兩人各自歷經了歷史性的苦難與暴行，卻始終堅守非暴力、慈悲為懷。他倆以切身感悟，和世人分享生命的喜悅之源。這場世紀對談不談哀傷，只談喜悅，但話語中智慧閃耀，言談中處處露出雋永的光芒。兩人不時手牽手、互相逗弄，觀眾滿心歡喜見證著如此一段不朽的傳奇友誼。九十分鐘的影片，眼眶婆娑，我看到兩位不凡的靈魂彼此相掩相映，光輝自在，芬芳滿懷。

後漢崔瑗的〈座右銘〉有兩句：「在涅貴不緇，曖曖內含光。」意思是：處在汙濁的環境中，貴在不被汙濁所染。表面上黯淡無光，而內在卻蘊含著溫暖的光芒。《喜悅：達賴喇嘛遇見屠圖主教》紀錄片正是這般大愛之下溫潤的靈魂光芒。

當晚，見識到了靈魂最高層的喜悅，理得了如何在苦難時代裡，找到幸福。

7 愛情需要學習，更需要修行

我在安平的書房，進入玄關，眼前的屏風壁堵，掛有兩幅筆力優美的書法，共同寫著「鶯啼如有淚，為濕最高花」，書寫者一位是美學大師蔣勳，一位詩人許悔之，他們不約而同引用詩人李商隱的名詩〈天涯〉。我每次進出家門，總瞧著它們，偶爾靜下心，凝視這極有人生況味的小詩。

詩文前兩句是「春日在天涯，天涯日又斜」，說著一個春天日暮，獨特的意境：纏綿淒冷，然後又俊俏高拔。整首詩的翻譯：「春天的太陽，遠照在那天涯，而天涯的太陽，又接近黃昏。在枝頭上的黃鶯，孤獨地看著太陽，又是一天的日暮。黃鶯牠無以為家，牠的眼淚想必滴落在最高的花枝上。」

李商隱寫的「高花」究竟是什麼花？

他有一首有名的〈憶梅〉：「定定住天涯，依依向物華，寒梅最堪恨，長作去年花。」創作此詩之際，李商隱三十四歲，不得志，他為了家計離開長安，經過兩個月長途跋涉，到了千里外的桂林。此時桂林春色正濃，但是李商隱的心情，彷彿還停留在冰天雪地的旅途裡。他心中有一樹寒梅花，在春色熱鬧的南方，寒梅揮之不去。

這是一種心理與靈魂深處的冷，因為他就是那枝高花——寒梅。讓他愛恨不得的，是自己淒涼輾轉的命運。寒梅最可悲之處，因為早於春，不得相遇春風。

我們來認識李商隱的靈魂任務：愛情。也來檢驗自己的愛情。

沒有把智慧花在官場上，而是獻給了愛情

李商隱，字義山，號玉谿生、樊南生，是晚唐最出色的詩人之一，擅長詩歌寫作，駢文價值也很高，與杜牧合稱「小李杜」，和溫庭筠合稱「溫李」。在《唐詩三百首》中，李商隱的詩作占二十二首，數量位列第四。

李商隱年輕時才華已有名氣，五歲誦經書，七歲弄筆硯。十歲時，父親李嗣在浙江幕府去世，他和母親、弟妹們回到了鄭州故鄉，生活貧困，要靠親戚接濟，其中有同族叔父，在經學、小學、古文、書法學習上諸多助益。在家中李商隱是長子，因此背負上了撐持門戶的責任。後來，他在文章中提到自己在少年時期曾「傭書販舂」，即為別人抄書賺錢，換得稻穀，自行舂打，得以溫飽。

回到陌生的父親家鄉，缺乏門第背景沒有外援，他憑著才華進入文化社交圈，十六歲時因為作品獲得名氣，引起六十四歲令狐楚的注意。此時令狐楚任天平軍節度使，舉薦李商隱，並傳授其駢文技巧，為一時佳話。令狐楚不僅教授他駢體文的寫作技巧，而且還資助他的家庭生活，鼓勵他與自己兒子令狐綯（長了他十八歲）交遊。

在他的幫助下，李商隱的駢體文寫作進步非常迅速，由此他獲得極大的信心。李商隱十八歲時，寫下〈謝書〉，表達了對令狐楚的感激之情以及自己的躊躇滿志：「微意何曾有一毫，空攜筆硯奉龍韜。自蒙夜半傳書後，不羨王祥有佩刀。」中舉之前，令狐楚置他於帳下幕僚，保奏他任官。

第三次參加科舉，二十五歲時中舉成了進士。同年歲末，七十一歲的令狐楚去世，李商隱參與令狐楚的治喪。不久，他應涇原節度使王茂元的聘請，去涇州做了節度使幕僚。王茂元對李商隱的才華非常欣賞，甚至將么女嫁給了他。

然而這樁婚姻將其拖入了「牛李黨爭」的政治漩渦中。王茂元與李德裕交好，被視為「李黨」的成員；而令狐楚父子屬於「牛黨」，而且是積極參與者。從此李商隱立場尷尬，仕途顛頗。

所謂「牛李黨爭」是兩派士大夫結黨互相爭鬥排擠的事件，歷時約四十年。牛黨以牛僧孺為首，多是進士出身。李黨則以李德裕為首，主要是世族官僚。這兩派官員互相傾軋，爭吵不休，造成國勢混亂，使得腐朽衰敗的唐朝陷入更深的深淵，不可收拾。

令狐綯認為李商隱背叛了父親，廉價地指責他「放利偷合」，當時「士流嗤謫商隱，以為詭薄無行，共擯排之」。李商隱自此受到排擠，年輕的他尚未起飛，天空已經烏雲密布。不過，李商隱並沒有後悔娶了王茂元的女兒王晏媄。他們婚後的感情篤好恩愛，在李商隱眼中，王氏是一位秀麗溫和體貼的妻子。

李商隱的靈魂任務：體驗愛情

李商隱自此生命多阻，抑鬱不得志，生活相對窘迫。這樣的經歷對他的心志與詩詞影響甚大，他的詩多抒發命運坎坷、仕途潦倒，也有抨擊時弊和感物言志的構思新奇，風格穠麗，其中有不少愛情詩與無題詩，寫得纏綿悱惻，情深語摯，被廣為傳頌。然而，在他的情詩字裡行間，我們看到了他的靈魂任務。

面對官場打壓，日子顯得困頓，夫妻二人相濡以沫。成婚五年後，岳父王茂元病逝，靠山崩毀，他們的生活就更加清貧了。為了功名與生計，李商隱只能一次又一次離別愛妻，在各處幕府千里漂泊。

先來盤點李商隱年輕時有幾段曖昧模糊的戀情：

初戀發生在少年時期，到玉陽山學道，期間他認識一位少女宋華陽，頗為喜歡，但是古代社會的婚戀講究父母之命，更何況這位少女是宮內伺候公主的宮女，隨公主在此一起做了女道士，因此兩位年輕的 puppy love 非常隱晦，他們也許偷偷約會，也許書信傳情。但這樣的愛情，最後的結果早已注定，只能是離別和思念，於是以詩〈無題〉寄情。話說李商隱共寫了〈無題〉二十多首，多是寫了他們之間的戀情，文字綿邈深沉而不晦澀，華麗而自然，情懷悽苦而不失優美。李商隱初嚐愛情，卻以相思苦作收：

相見時難別亦難，東風無力百花殘。

春蠶到死絲方盡，蠟炬成灰淚始幹。

曉鏡但愁雲鬢改，夜吟應覺月光寒。
蓬山此去無多路，青鳥殷勤為探看。

李商隱寫過一組詩叫《柳枝五首》，他為這組詩寫了一篇很長的序言，講述了他和一個叫「柳枝」的姑娘的故事。

年輕赴京科考，洛陽途中遇見商人之女柳枝姑娘，女方先遞出約會的訊息，李商隱受到青睞，但是陰錯陽差的幾件事，兩人無緣。柳枝姑娘因為父親去世，家道中落，「被一位地方長官娶為姬妾」。愛情尚未開始，即已失去，李商隱傷感不已，作了《柳枝五首》，五首連綴而下，一氣呵成，是一份償還，也是一份宣洩。他請堂兄李讓山將他題在柳枝舊居的牆上，其一詩文說著如今：一個是花蕾，一個是蜂巢；一個是雄蜂，一個是雌蝶，雖有緣擦身而過，終不是同路人……。

李商隱婚後，夫妻琴瑟和鳴感情極好，可是他仕途不順，長年流落到外地擔任節度使的書記。他曾經在巴蜀任職，和妻子久別，屢屢思念妻子，於是寫下〈夜雨寄北〉家書之詩，盼望改天能早日歸去，與妻子西窗共話。詩裡他描寫了身處巴山夜聽秋雨時的寂寥之苦，又想像來日聚首之時的剪燭談心，思念之苦和將來的喜悅交織一起，情真意切：

君問歸期未有期，巴山夜雨漲秋池。
何當共剪西窗燭，卻話巴山夜雨時。

喪妻之後，愛情有了不同的姿態與意義

不論何時何地，只要談起晚唐的經典詩歌，必定會提及李商隱筆下的〈錦瑟〉，可謂李商隱最為知名的作品。此詩是妻子死後，難過之餘，追憶過往的伉儷情深。這首詩裡，他借用了莊生夢蝶、杜鵑啼血、滄海明珠、藍田暖玉等典故，再用迷、托、有、生四個動詞，採用比興手法展開了瑰麗的想像，以四個動詞，將聽覺的感受轉化為視覺的形象，創造出朦朧迷離的境界，傳達出真摯濃烈又幽約深曲的情思。文辭華美卻感人至深：

錦瑟無端五十弦，一弦一柱思華年。
莊生曉夢迷蝴蝶，望帝春心托杜鵑。
滄海月明珠有淚，藍田日暖玉生煙。
此情可待成追憶，只是當時已惘然。

李商隱喪妻之時，才三十九歲。

妻子去世的那年初冬，他受邀成為西川節度使的參軍，在四川的梓州幕府生活的四年間，大部分時間李商隱都鬱鬱寡歡。之後七年間，陸續寫下〈房中曲〉等悼亡詩篇，情感真摯，語意沉痛。話說當年他離家赴蜀地宦遊途中，喪妻不久，有作〈悼傷後赴東蜀辟至散關遇雪〉：「劍外從軍遠，無家與寄衣。散關三尺雪，迴夢舊鴛機。」他說「已經沒有家了」、「再也沒人寄冬衣給他了」……。

四年的四川宦遊生涯，李商隱對佛學發生了很大的興趣，與當地的僧人交往，並捐錢刊印佛經，甚至想過出家為僧。之後，他到了長安，擔任鹽鐵推官，官品雖低，生活待遇卻比較豐裕，但是寂寥依舊。

愛情不只順其自然，它需要學習，更需要修行

我們可以活著，因為有水、空氣、陽光，現代人則加了wifi，有人說還要追劇。但是古今都同意「愛情」可以讓我們生命品質變得很不一樣。然而愛情這個命題卻太大了，終其一生，我們都泅泳愛河其中，不知停泊何處。少數人成就了完美之愛，他們學得親密、激情、承諾愛情三因論。多數人則問「情為何物？」為何難以捉摸，有時使人快樂，有時使人痛苦；有時火熱，有時冰冷；有時穩定，有時卻又多變？有人則乾脆徹底避愛、無愛、非愛，設法讓自己對愛情免疫，省去麻煩。

美國心理學家羅伯特．史坦伯格（Robert Sternberg）提醒：請把「愛」當成動詞而不是名詞，人心多變，因人心而生的愛情也會多變，需要透過行動來經營並維護。

Netflix於二〇二二年十一月上線的《First Love 初戀》，是一部日本愛情網路影集，該作品編劇受到宇多田光的歌曲〈First Love〉和〈初戀〉的啟發，由「冷靜藍」滿島光及「熱

情紅」佐藤健共同主演。播放後擄獲全球劇迷的心，也引起台灣影迷熱潮討論，而且後勁十足。故事背景設定在九〇年代的北海道，講述一段橫跨二十年的愛情故事，男女主角為高中同學，互為對方的初戀。

《初戀》劇本精緻，故事雖然有些老哽，但是那種人與人之間的羈絆和良善，還是最賺人眼淚。九集播完不久，已經有許多人三刷，足見魅力。其中關於愛情與人生的金句，引發千堆雪的戚戚焉：「想知道是不是命中注定，必須全心投入。」「我想成為能照顧她的好男人，我想把我最好的東西都獻給她，雖然我現在一無所有。」「如果從來沒有遇見過你，我的人生現在會是什麼樣子？」「你能愛上讓你珍惜人生的人，我覺得是人生中的一件幸事。無論這個人身在何處，或是在何人身邊，都不會改變這一點，這樣就夠了」……。

我呢？最喜歡的是：「你不需要遵照別人的期望而活，你有權堅持自己的選擇，就算那是錯誤，在你人生中也總會有些意義。」

你的愛情有多少真心話？以心理學之名的相關書本，多如牛毛：談戀愛就像心理戰、愛情關係不迷惘、男女撩心語言學、男人的愛情研究室、讓對方覺得超溫暖的相處練習、我的口是心非都是有邏輯的、為愛徬徨的勇氣、他只是裝傻，妳怎麼犯傻？可不可以，你也剛好喜歡我？……近年，書本與網路上有許多「愛情學霸」的訣竅與提醒，多如繁星，隨手舉例從1到10的書名：

《每天增戀1點點》、《這2個「規則」是長久交往的指標》、《女生都該懂的3個愛情必勝特質》、《搞懂4個戀愛心理學》、《愛情5大階段》、《6大戀愛風格找靈魂伴侶》、《愛情其實分成7種》、《8個研究帶你重新認識愛》、《你墜入愛河的9個跡象》、《10個戀愛心理學，直接變愛情學霸》……

兩個人相愛容易，相處很難，老人家說「這不都是這麼過來的嗎？」人們不甘心這個答案，卻又落得「問世間，情為何物，直教生死相許？」詞人元好問的下一句是「天南地北雙飛客，老翅幾回寒暑。歡樂趣，離別苦，就中更有癡兒女。」用白話說：「天涯共飛，恩愛依偎，你們雙雙度過了多少個寒來暑到。有過歡樂，離別更苦，如此癡情的兒女，世上哪裡去尋找？」

沒有苦澀，就不是愛情。沒有別離，愛情就無法驗證。

心理學家羅伯特．史坦伯格在耶魯大學任教時，提出心理學的「愛情三因論」：激情（Passion）、親密（Intimacy）、承諾（Commitment）。激情、親密這兩個好懂，就是生理的熱戀、感覺的依戀，彼此在感情上是相互的。而承諾，則涉及有意識地決定彼此堅持。這三個點所形成的三角形，不必然是正三角形、等腰三角形……隨著相處時間、年紀歲月、生活經歷等等，它會移動、形變。其實，你可以繪製自己愛情三角形現況，是什麼樣子？

因為這三個因素可以量化，所以心理學家經過排列組合，有了友情式、迷戀式、空洞式、浪漫式、伴侶式、愚蠢式、完美式等等。這個分析結果，適合諮商師的觀察與紀錄，但是曾經在愛情海受傷、困住的人，或是歡呼愛情萬歲的人，他們絕對不同意「愛情，就是這麼簡單」。

我們來分析李商隱的愛情地圖和學分。

一，初戀。從挫敗中看清自己，不要對愛情失去信心

李商隱留下許多動人而精采的情詩，生命不同階段，滋味不同。我們透過他的「愛情地圖」，理解他的靈魂任務裡種種的學分：

1. 少年的初戀，關關雎鳩窈窕淑女，甜蜜卻極其苦澀，永遠刻骨銘心。他說：「紅樓隔雨相望冷，珠箔飄燈獨自歸。」情竇初開，卻是長夜孤眠。

2. 科舉前，柳枝姑娘對他的傾慕，擦身而過的戀情，他有耿耿於懷的遺憾。不甘心地說：「如何湖上望，只是見鴛鴦。」

一段美麗而完整的愛情，必然要有稚嫩的「初期學習與無悔付出」，那是愛情頭期款，稱之「初戀」。心理學家說：「初戀，為什麼總是這麼脆弱？」也說：「初戀失敗了，該怎麼從挫敗中走出來？」他們總安慰說：「天涯何處無芳草？何必單戀一枝花。」這個說詞，真討厭啊，完全幫不上忙。

正確答案是，應該像李商隱「享受傷痛，不用急著甩開它」，先讓情感繼續迷路一陣，讓刻骨銘心的痛繼續失落。然後紀念也記住「初次的美麗，屬於自己獨一無二的挫敗」，記住對方給過的溫柔，花前月下的曾經。如果可以，像是古代詩人把這些揪心的痛，寫下來，不要詛咒，不要罵街：

卓文君說：「錦水湯湯，與君長訣。」
張若虛說：「此情應是長相守，你若無心我便休。」
敦煌莫高窟紀錄：「一別兩寬，各生歡喜。」
謝希孟說：「我斷不思量，你莫思量我。」
崔郊說：「侯門一入深如海，從此蕭郎是路人。」

李商隱一首詩一種失戀，他沒有對愛情失去信心。過程中，他總以「無題」紀念無法在愛情路上同行的人。他的多首詩句，總是極度相思而發出的深沉感嘆，一行一嘆，聲聲對初戀深情款款。「相見時難別亦難」分手的深切凝重，他的情懷悽苦，詩句裡的痛徹心肺，千年後，我們讀來依舊驚心，也讓我們自觀「我的初戀失敗不算什麼」。

失戀之後，當淚水拭乾，要懂得「從挫敗中看清自己」，復原過程中可以單身閉眼過日子，讓傷痛沉澱，當糾葛漸漸減弱，就要好好地過日子，重新校對自己的心態，勇氣會再度回來，我們要「祝福新生的自己」，讓愛情重新上路。

二，熱戀。愛當真愛來敲門時，才會懂得辨識與珍惜

3.李商隱新婚後，對美好情感有期許和承諾。他以荷花詩贈妻：「惟有綠荷紅菡萏，卷舒開合任天真。」荷葉的卷舒、荷花的開合，相互映襯，完美無缺。李商隱比喻他們的愛情，全面，而且完美。

4.在秋雨的異鄉思念，李商隱以「君問歸期未有期，巴山夜雨漲秋池」表達人在江湖的無奈以及對妻子的深切思念之情。相思，是愛情最重要的副作用，也是昇華。

走過初戀，經過情傷，當真愛來敲門時，才會懂得辨識與珍惜。進入兩人世界的朝朝暮暮，

有刻意經營的生活細節體驗，清淡與穠麗並有，溫馨與激昂兼具。如果多了分離時的相思與寄懷，則可釀製出更高品質的愛情境界。李商隱孤居異鄉，等著妻子的家書：

遠書歸夢兩悠悠，只有空床敵素秋。
階下青苔與紅樹，雨中寥落月中愁。

愛情是詩人最迷人的釀醪，而相思的苦，則是明月樓高休獨倚，酒入愁腸。那些相思詩詞，總成了人間最美的情話：

李白說：「此時此夜難為情。」
柳永說：「為伊消得人憔悴。」
納蘭性德說：「淒涼別後兩應同，最是不勝清怨月明中。」
梁啟超說：「相思樹底說相思，思郎恨郎郎不知。」
張先說：「天不老，情難絕。心似雙絲網，中有千千結。」
李商隱則說：「直道相思了無益，未妨惆悵是清狂。」

王曙芳《認同創傷》一書，提及蘇菲心律轉換法大師哈茲若・音那雅・康（Hazrat Inayat Khan）。有人問他：「當一個靈魂來到世上，有沒有可能保持沒有幻象和執著？」他回答：「是的。但就某個程度而言，幻象和執著都是必要的，如果沒有幻象和執著，就如同永遠是白天，而沒有夜晚。」一段偉大的愛情，不可能只有熱戀、熱戀、熱戀，那會很快地柴火燒盡，美學疲乏，它需要有白天黑夜輪替，它需要有太陽月亮交錯輝映，薰風與清風反覆。

李商隱仕途不順，沒有機會擔任地方官，甚至在朝廷任職，只得遊歷各地幕府。這對夫妻在很長的一段時間裡聚少離多，李商隱對於妻子是有一份歉疚的心意，而李商隱仕途上的坎坷，無疑增強了這份歉疚的愛情。

關於遠距離的愛情，即使是在科技發達的現今社會，也不見得是人人都能消受的。想想，偶爾孤枕，偶爾一個人獨食，一個人旅行……那是必要的，但是常常缺席的戀人，一定熬得入骨，然後說：「明知相思苦，偏要苦相思。」白居易說有了苦相思，才知原來海洋不是最深的。李商隱則說：「春心莫共花爭發，一寸相思一寸灰。」那是一種極致。

有人會勇敢地說：「若兩人注定在一起，距離不會再是藉口，時間不會再是理由，」會自勉：「若是真愛，距離會讓愛情添上更加豐富與完美的章節，」也會故做堅強說：「能遇見你，是緣分；能遇見那麼遠的你，是天注定。」真會講耶，大家都很辛苦……。

李商隱的妻子小他十歲，系出名門，卻無怨無悔跟著他，養育著兩個小孩。李商隱的父親與祖父都早逝，對於生命的無常他有特別感受，分外珍惜兩人世界的時間。雖然夫妻聚少離多，但是彼此的情意，反而因為離別多而更加篤定。

三，遺憾。奔喪返家，他哭「日西春盡到來遲」

李商隱的〈相思〉作於大中五年（八五一），春暮，這是悼亡的千古名詩。話說三十九歲那年，李商隱春天在徐州武寧節度使幕府任職，妻子和孩子則在長安。過年時候，他返家團聚，與妻談到未來，想想春節後已是三十九歲，近不惑之年，仕途或會有轉機，如果有機會從幕僚轉任正式官員，這樣家人團圓，就可以長留京城一段日子。

然而早春時候，節度使盧弘止突然病故，李商隱失業了，他又開始新一輪地找工作，由於離長安較遠，他沒有馬上回來，通信地址還是留著徐州的。只是春夏之交，妻子忽然重病，他的連襟韓瞻和姨妹火速傳信，但是李商隱已經不在徐州。信件輾轉到手，已經遲了。他趕回長安，因為天氣已熱，妻子早被安排在長安郊外下葬。李商隱哭泣，相思不斷：

相思樹上合歡枝，紫鳳青鸞共羽儀。
腸斷秦台吹管客，日西春盡到來遲。

5. 妻子剛剛去世，站在墳前，思緒暈眩中，真實感遲到，「斷弦」最大的哀痛還在醞釀，情緒尚未宣洩氾濫。他在詩作中哀傷自問：「錦瑟呀，你為何竟有五十條弦？每弦每節，都令人懷思黃金華年。我心如莊子，為蝴蝶曉夢而迷惘；又如蜀國望帝化身為杜鵑鳥，寄託春心哀怨。」

6. 妻子去世半年，這次他必須再度遠去，前往四川梓州任職，途中遇雪，他說：「散關三尺雪，迴夢舊鴛機。」喪妻的血淚傷痛、沒有家的悲愴，此刻轟然湧現，不可收拾。喪妻之痛，這時才完全噴發而出。

健康心理學研究中常用「生活事件壓力量表」（Life Events Stress Scale）來評估個人所遭逢的壓力分數，量表中把「喪偶」列為壓力最高的生活事件，顯示配偶離世對個人帶來的心理壓力之強。

從凡人到強人，從百姓到君王，面對摯愛離世，深陷悲傷、備受打擊的強度是無差別的。許多心理學家研究「喪偶」的悲傷，說那是「一個動態的歷程」，常有起伏，舉凡睹物思情、觸景傷情、每逢佳節……都是難以承受之際。臉書公司營運長雪柔・桑德伯格（Sheryl Sandberg）在先生意外驟逝後，她如此描述悲傷心境：

我的餘生就這樣開始了，我絕對不會選擇這樣的人生，我也完全沒有準備好面對這樣的餘生，無法想像的餘生。我常常覺得難以置信，儘管大維不在，世界仍繼續運轉。大家怎麼可能照常過日子，彷彿什麼都沒發生過呢？他們難道不曉得嗎？

我年輕時，非常喜歡西洋老歌〈The End of The World〉，愛的絕望是世界末日的情緒，當時覺得「痛，這就是浪漫！」愛就是要這樣苦澀，才是青春。然而現在中年後，再度凝視歌詞，心境意識已然不同。

歌詞質疑著世界：為何太陽依然照耀？海洋依然湧進岸上？鳥兒依然歌唱？星辰依然璀璨發光？難道他們都不懂這是世界末日嗎？

Why does the sun go on shining?
Why does the sea rush to shore?
Don't they know it's the end of the world?
Why do the birds go on singing?
Why do the stars glow above?
Don't they know it's the end of the world?

是啊，相愛的兩人從此生死不相見，日子怎麼還能如往如常呢？這樣的巨變，該怎麼面對呢？心理學家說這是「深度創傷」，現代的心理諮商有建議：「陪喪偶的親友走一段路。」也說年長者喪偶後，會有一段心理過程，分有五個階段：

一，瓦解、震驚與拒絕階段。所有的情緒、心理活動全部聚焦於逝去的配偶，其他的人事物都恍然不見。有些人痛不欲生，整天哀泣，甚至拒絕死者火化或下葬。

二，怒意、情緒波動階段。遷怒他人，憤怒地找尋「戰犯」：醫療過程、看護等等，對老天咆哮不滿，對其他人或多或少帶有敵意。這時，存留者往往會對著配偶的照片生悶氣，也容易無緣無故地和別人爭吵。

三，宣洩、孤獨感產生階段。漸漸地要求其他人的支持和幫助。失落感逐漸強大，舊的依戀關係已不復存在，悲傷的情緒開始滿溢，往往任性地向他人發洩，不顧別人是否願意聽。叨叨絮絮對他人訴說自己的不幸……其實是希望得到別人同情的回饋。

四，絕望、否定自我階段。終於清楚地意識到，配偶已永遠地失去了，對生命與永恆有了新體驗。明白過去的生活已不復還，而且徹底顛覆了，整個心被絕望占據，消極是唯一的朋友，所看到的世界已無光采。這個階段，喪偶的哀痛，真實感已經全然降臨。

五，梳理、重建新模式階段。絕望，開始撤退，已經慢慢重新組織新的生活，演繹新的生活節奏。此一階段，把自己的情感轉移到其他人或其他事上去，主動地壓抑悲痛的情緒，理性地梳理未來的生活，從表面上看，情緒上完全恢復正常。

心理師總是分析這個分析那個，誇誇其談，要哀傷者把痛苦宣洩出來，然後建議說如何正確對待喪偶的現實，一二三四五……要避免自責、能夠自我安慰、轉移自己的注意力、尋找新的生活方式等等。有效嗎？

詩人則消極地說：「閒坐悲君亦自悲，百年都是幾多時。」又說：「誰念西風獨自涼。」失去摯愛後就代表著生命的缺憾與陷落，人生自此將不再「圓滿」。蘇東坡夢見亡妻，夢中妻子正在家鄉小窗前對鏡梳妝，兩人互相望著，千言萬語不知從何說起，只有相對無言淚落千行。蘇東坡傷心感慨說：「十年生死兩茫茫，不思量，自難忘。千里孤墳，無處話淒涼。縱使相逢應不識，塵滿面，鬢如霜。」生死兩茫茫永遠是人生的大課題。

宗教家則說什麼人生從來都不曾完美無缺，對圓滿的過度追求、對復原的執念掙扎，往往才是讓我們深陷苦痛的原因。這些話，不管是同理心與或是禪語的解脫，對於李商隱都是紙上談兵。

四，永恆。深情的重症患者，李商隱呼喊黃鶯

有人在離婚、喪偶或經歷一段哀傷之後，允許自己幸福，擁抱另一個選擇。臉書公司營運長雪柔・桑德伯格經過喪偶哀痛後，二〇二〇年二月她宣布再次訂婚了。

李商隱卻選擇「繼續愛與痛」，不是解脫，而是抱著破碎的心，讓日子孤寂地往前，走入「無限與遼闊」黑夜。他努力記錄著那些突如其來湧現的心思，勇敢地品嚐那些縈繞不去的相思。待在陰影裡，接受自己的感受，接受深愛妻子的自我。李商隱讓他的靈魂任務得以學習愛情的最後學分：永恆。

7. 妻子已經去世三年，他還在四川梓州擔任參軍。春天已經花開，李商隱殷殷想念亡妻說：「鶯啼如有淚，為濕最高花。」他呼喊美麗的黃鶯啊！你若有淚水，請為我灑向最高枝的嬌嫩春花。啊，他真是一個深情的重症患者！

8. 李商隱徘徊在微冷的庭院。這是他生命最後一年，在〈銀河吹笙〉有回憶夫妻種種過往、曾經的幸福溫馨。當愛情美夢幻滅，他的苦澀如同窗外孤苦伶仃、通宵驚啼的雌鳥一般。整首詩表明了自己對愛情的執著純真，感人肺腑。這個「湘瑟秦簫自有情」相思，成就著詩人靈魂的終極愛情任務。

大中十一年（八五七），妻子已經去世六年。他棄官了，決定返回故鄉鄭州閒居，然而舊宅荒涼冷落，傷心慘目。他有詩〈正月崇讓宅〉，前四句，寫正月冬風的寒涼淒冷，月既含暈，花又未開。李商隱用環境的淒涼，烘托他心境的淒涼，濃厚的傷悼之情，溢於紙外。五六句，由室外環境轉入室內景色，以蝙蝠、老鼠的動態寫一猜、一驚，寫盡李商隱的寂寞孤獨。最後兩句，不說他自己憶念妻子，卻說亡妻思念自己，從對方著筆，臆想之態畢現，更見思念之苦之深：

密鎖重關掩綠苔，廊深閣迥此徘徊。
先知風起月含暈，尚自露寒花未開。
蝙拂簾旌終展轉，鼠翻窗網小驚猜。
背燈獨共餘香語，不覺猶歌起夜來。

大中十三年（八五九）秋冬之間，李商隱寡歡病故，享年僅僅四十六歲，但是他說活夠了。

他的靈魂任務：體驗愛情的青澀、輕蜜、微酸、濃甜與苦楚。他有過心儀、傾心、相思、纏綿、遺憾、留戀、永恆的失去。

他經歷了青春花好月圓、鵲橋柔情似水、鴛鴦如膠似漆、秋雨魂牽夢繞、生死魂魄遠離、獨活空乏靈犀的過程。

對於李商隱，這是一趟生命不長，卻完整的愛情學習！

8

悲哀之後，幽默與豁達是解藥

二〇二二年八月一日，作家王溢嘉在臉書上，貼出他兒子王谷神二〇一六年在紐約拍攝的雲朵照片，文字則是二〇一九年在台北寫下的：「其實，寒武紀，三疊紀，侏羅紀，白堊紀，第四紀……天上的雲看起來，都是一樣的吧？」

說「寫作，有比謀生更深遠的意涵」的王溢嘉，三個月前才喪子，閱讀他臉書「悲．慧．生死書」哀悼又遼闊的文字，成了我自省與自覺的生命功課。他的臉友鄭佩瑄在小文「雲朵」留言：「如果有今生和來世，或許看到的雲也會是一樣的，而今生一起看過的雲，吹過的風，經歷過的一切美好，都會成為彼此來世的祝福，或許意識上忘記了，但總會有一股莫名的暖意在心頭！」

唐伯虎有一年之內喪親五人的大悲，王維年前喪子年後喪妻，王溢嘉有喪子之痛，我則與悲哀有約，林憶蓮有一首歌〈再見悲哀〉：「再見悲哀因我不再計較任何結果，什麼都可以坦蕩未在乎誰是錯，我兩眼闔上失去甚麼，是與非也掠過，別固執到問一切為何……」

人到了某個年紀，尤其中年後，總說悲歡離合貫穿一生，但是「悲與失」比重隨著歲月愈來愈多，它成了許多人的生命主旋律，但是悲哀光譜甚是寬廣：失落、失意、失戀、失婚、失業、失敗、失去親人、失去希望、失去倚靠、失去家園……心理學家論述：「如何收起悲哀的天羅地網，釋放憂鬱，放飛自由之心？」諮商師則說：「愈巨大的悲哀，愈要舉重若輕。」哲學家則結論：「種種人生的悲哀，對我們一生的思想有很大的影響。」

詩人呢？他們怎麼說悲哀？去找劉禹錫吧，他曾經如同音樂家讚美「那麼寧靜美麗，又憂傷的月光」，但是，他深刻體悟悲哀之後，也曾經鼓勵白居易的晚年悲觀。

他在〈酬樂天詠老見示〉說：「人啊，誰不害怕孤獨終老呢？老了，又有誰會去憐惜你啊？身體愈來愈消瘦，衣帶也繫得愈發緊了，青絲慢慢都成了白髮，稀稀疏疏，帽子都戴得不正了，總是偏到一邊。現在不再看書，那是為了保護眼睛，現在時常用艾灸，那是因為年老百病纏身。經歷過的事情也愈來愈多了，人生的閱歷也如同積水成川。」

最後四句，劉禹錫話鋒一轉，他說：「仔細想來，老了也有老了的好處，只要克服年老帶來的恐懼，就會感到毫無牽掛，事事順遂。不要說日落時斜暉穿過榆樹就是傍晚，它的霞光餘暉，照樣可以染紅傍晚的天空。」

從悲哀到豁達，我們來認識這位詩人劉禹錫。

三十五歲的劉禹錫被貶為朗州司馬，挫敗開始

劉禹錫是中唐著名的詩人、哲學家，得有「詩豪」之稱，他出身小官僚家庭，從小就學習儒家經典，非常聰明勤奮。貞元九年（七九三），二十二歲劉禹錫進士及第，成了當代的明日之星，懷有遠大的政治抱負。他最初擔任太子校書，唐順宗即位後，他與柳宗元等人由

於參與「永貞革新」，失敗後屢遭貶謫，被外放二十三年之久。

來說說「永貞革新」，唐德宗（唐朝第十任皇帝，唐代宗李豫長子，享年六十四歲）駕崩，當了二十五年太子的李誦終於繼位，史稱唐順宗，年號永貞。由於李誦繼位前就患中風，不能親理朝政，於是李誦的兩位老師王叔文、王伾共同協助管理朝政。他倆聯合幾位少壯派文人，積極推行革新，採取了一系列的改革措施，史稱「永貞革新」。劉禹錫、柳宗元躊躇滿志，他倆是其中之二。

但是革新措施，觸犯了藩鎮與宦官的利益，隨著新皇帝的病情加重，這些既得利益集團反撲，於是順宗被迫禪讓帝位給太子李純，史稱「永貞內禪」。唐順宗只在位一百八十六天，但是那些熱血士大夫要倒大楣了。

新登基的李純二十八歲，史稱唐憲宗，開始政治大清洗，於是「一百四十六天的永貞革新」化為烏有。翰林學士王伾被貶為開州司馬，到任不久後病死。翰林學士王叔文被貶為渝州司戶，不久被賜死。另外，還有八位士大夫，被貶斥到偏遠地區擔任「司馬」（刺史的佐官，在當時是一個無足輕重的閒差），史稱他們是「二王八司馬」，其中劉禹錫被貶為「朗州司馬」、柳宗元被貶為「永州司馬」……。

這八位士大夫正是年華正茂，從中舉時鮮衣怒馬少年時，到了受邀加入「永貞革新」時的意氣風發，仗劍天下，短短五個月後，遭到貶謫遠鄉。

劉禹錫的靈魂任務：學習豁達

三十五歲的劉禹錫在朗州（今湖南常德），一待就是十年。期間，他創作了大量寓言詩，表達了對當朝權貴的極大不滿，又寫了許多賦來表達自己不甘沉淪的雄心。由於接觸當地民間歌謠，從中吸取了養分，在詩歌創作多了樸實流暢。面對委屈與頓挫，他依然不屈不撓，他表現出豪放與曠達情懷，寫下最豪邁的秋日詩〈秋詞〉，隱隱展示他寵辱不驚的胸襟：

自古逢秋悲寂寥，我言秋日勝春朝。
晴空一鶴排雲上，便引詩情到碧霄。
山明水淨夜來霜，數樹深紅出淺黃。
試上高樓清入骨，豈如春色嗾人狂。

自古以來，騷人墨客都悲嘆秋天花謝了、風涼了、葉落了……天地之間一下子蕭條、淒涼、空曠……多了寂寥和傷感。我卻說秋天遠遠勝過春天。秋日天高氣爽，晴空萬里，一隻仙鶴直衝雲霄推開層雲而去，讓我豪情滿懷，也激發我的詩情飛向晴藍。秋天了，山明水淨，夜晚已經有霜；綠葉變色，其中有幾株則是緋紅，在淺黃色中格外顯眼。我登上高樓，四望沁清的秋色；才不會像熱鬧春色那樣讓人發狂。

五十四歲時，劉禹錫被遷貶至安徽和州。虎落平陽，地方官見他被謫此地，鄙視刁難，安排他住在城南長江邊畔。劉禹錫懶得計較，撰寫楹聯掛在門前：「面對大江觀白帆，身在和州思爭辯。」

地方官面子掛不住，被激怒，再將他的居所遷至城北，住屋更小，從三間縮小到一間半。新住址不遠處溪河蜿蜒，門前楊柳幾株，劉禹錫又寫了一幅楹聯：「楊柳青青江水邊，人在歷陽心在京。」地方官見他還是悠然自得的心情，乾脆把他的住地調回了城中老巷，只給他一爿小小舊房，僅容下一床一桌一椅，面北濕氣重，欺人太甚。劉禹錫提筆寫下了傳世名作〈陋室銘〉，僅僅八十一個字，曠達深遠。

山不在高，有仙則名。水不在深，有龍則靈。
斯是陋室，惟吾德馨。苔痕上階綠，草色入簾青。
談笑有鴻儒，往來無白丁。可以調素琴，閱金經。
無絲竹之亂耳，無案牘之勞形。
南陽諸葛廬，西蜀子雲亭。孔子云：何陋之有？

寶曆二年（八二六），五十六歲的劉禹錫奉調回洛陽。次年，任職於東都尚書省。從初貶到此時，前後共歷二十三年。在返歸洛陽前，他寫了〈酬樂天揚州初逢席上見贈〉，回贈白居易給他的詩作〈醉贈劉二十八使君〉恭喜他終於撥雲見日。（注：二十八使君，劉禹錫在家族中排行二十八）

白居易是劉禹錫的摯友，兩人同年次生，晚年時兩人唱和甚多，人稱「劉白」。這一篇白居易的贈詩，大意是：我們舉起酒杯滿酒同飲，一起拿筷子擊打盤兒吟唱詩歌！雖然你詩才一流堪稱國手，但命中注定不能出人頭地，只能徒呼奈何。放眼天下所有的人都榮耀體面，而你卻長守寂寞。滿朝官員都有了自己滿意的位置，而你卻虛度光陰。我知道你是被才高名顯所累，但這二十三年的損失也太多了……。

劉禹錫回贈詩作，說自己過去是沉舟、病樹，如今不再為自己的蹉跎而憂傷，不為人事的變遷、仕宦的升沉而心情低落。劉禹錫表現出驚人的豁達，同時又暗含哲理，老樹重抖精神，仍可煥發春光，他回答：

巴山楚水淒涼地，二十三年棄置身。
懷舊空吟聞笛賦，到鄉翻似爛柯人。
沉舟側畔千帆過，病樹前頭萬木春。
今日聽君歌一曲，暫憑杯酒長精神。

巴山楚水一帶荒遠淒涼，二十三年來，我被朝廷拋棄在那裡。回到家鄉後，舊識故友都已逝去，只能哼唱著魏晉的文學家向秀聽聞笛聲時，所寫的〈思舊賦〉來懷念他們。而今自己也成了神話中那個爛掉了斧頭的人，已無人相識，真是恍如隔世啊。在沉舟旁邊有上千條船爭相快速駛過，枯敗的病樹前有萬株綠樹生機勃發。今天聽到你為我作的那一首詩，就借這杯美酒重新振作起精神吧！

劉禹錫有〈浪淘沙〉組詩，並非創作於一時一地，是他過去涉過黃河、洛水、汴水、清淮、鸚鵡洲、濯錦江等，或為輾轉於夔州、和州、洛陽等地之作，後編為一組。〈浪淘沙九首．其八〉是他回到洛陽任職東都尚書省之後，呈現出他堅韌不拔的心志：

莫道讒言如浪深，莫言遷客似沙沉。
千淘萬漉雖辛苦，吹盡狂沙始到金。

字面寫的是淘金人的艱辛，其實劉禹錫是在表明自己的心志。儘管讒言誹謗，小人誣陷，以至於忠貞之士蒙受不白之冤，被罷官降職，但是他們並不會因此而沉淪於現實的泥沙當中，更無法改變他們的初衷。歷經艱辛磨難之後，冤屈終究會得到清白，就像淘金一樣，儘管千淘萬洗歷盡辛苦，但始終能「吹盡狂沙」得到真金。

劉禹錫詩作中的哲理，闡述在我們生活中少不了艱辛與磨難，但只要我們堅持下去，不斷地錘鍊自己，就會百煉成金，成就自己。

生命中，之前的千淘萬漉，只是一個提高自己的過程。

歷劫歸來，豁達過往，劉郎再遊玄都觀賞桃花

在洛陽任職一年後，劉禹錫返歸長安朝廷擔任主客郎。三月，他去了一趟玄都觀賞桃花，結果花樹蕩然無存，他有深思，寫了〈再遊玄都觀〉，這首詩算是後篇，承繼十四年前的〈元和十一年自朗州召至京戲贈看花諸君子〉前篇詩作：

紫陌紅塵拂面來，無人不道看花回。
玄都觀裡桃千樹，盡是劉郎去後栽。

從貶官到朗州歷經十年，劉禹錫終於被召回朝廷，在長安停歇幾天，期間聽到太多人向他推薦玄都觀的三月桃花，他去了，留下詩一首。這首詩表面上是描寫人們去玄都觀看桃花的情景，骨子裡卻是諷刺當時的權貴。從表面上看，前兩句是寫看花的盛況，人潮眾多，來往繁忙。然而這千株盛開桃花，都是我離開長安後才新栽的。

劉禹錫寄託的深意是：千樹桃花，也就像是這十年以來，由於投機取巧而在政治上愈來愈得意的新貴，至於那些看花的人，則像趨炎附勢、攀高結貴之徒。他們為了富貴利祿，奔走權門，就如同在紫陌紅塵之中，趕著熱鬧去看桃花一樣。

結果，劉禹錫因為此詩得罪執政者，被貶謫到更遠的播州去當刺史，幸有裴度、柳宗元諸人幫助，改為連州刺史。此後，劉禹錫在連州近五年、夔州三年、和州三年……最終回到洛陽任職。再一年之後，他回到長安。〈再遊玄都觀〉是前篇十四年後，他的賞桃下篇：

百畝庭中半是苔，桃花淨盡菜花開。
種桃道士歸何處？前度劉郎今又來。

從表面上看，劉禹錫只是寫玄都觀中桃花之盛衰存亡。前兩句，道觀中非常寬闊的廣場已經一半長滿了青苔，人跡罕至，一派蕭然。千株桃樹不見了，取代的是不足以供觀覽的雜草菜花，眼前是一片歷經繁盛以後的荒涼，令人不勝唏噓。下兩句由花事之變遷，關合到自己的進退，最終我再度前來，而那些種桃的道士卻不知所終。

悲哀之後，西方的幽默，東方的豁達

劉禹錫走過貶謫二十三年之苦，五十六歲回到家鄉，家人親人都走得差不多了。而與他同時獲罪被貶，遠到永州的柳宗元，一樣飽受身心寂寞痛苦，只享年四十六歲，最後死於柳州任上。

豁達與幽默是人類難得的氣質，這兩個特質都必須透過艱辛，才能通往的澹泊汪洋與海闊天空。海明威說過：「只有精通痛苦的人才能精通幽默。」小說家馬克・吐溫則說：「天堂裡沒有幽默，因為幽默的祕密來源不是喜悅，而是悲傷。」它的核心體驗是「幽默本身的祕密泉源不是快樂，而是悲哀」。

這個意思有點像「千金難買少年窮」，你必須早早通過一個黝暗艱辛的幽谷，裡面可能有頓挫、貧苦、艱辛、悲傷，甚至是絕望……然後，你會珍惜幽谷那一端的希望之光，進而懂得如何承受苦難，笑看「不堪的過往」，領悟寂靜時仰望滿天星斗的意義。德國作家胡戈在《傻瓜年譜》指出：「人生愈嚴肅，就愈是需要幽默。」

一般而言，一個人的幽默能力和其智商成正相關，睿智的人通常也是幽默高手（但是智商高的人，不見得懂得幽默）。滑稽只能逗人笑、逗你開心，而幽默則是讓你笑了以後還會領悟其中道理。幽默，隱含了生命哲理與生活態度，它比較是西方的思維，心胸氣度的昇華。

至於豁達呢？這是比較東方的哲學境界，是一種博大的胸懷、超然心靈灑脫的態度，也是人類個性最高的境界之一。豁達產生寬容，寬容導致自由。

心理學家常說：「失敗，是人生最珍貴的必修課。」一個從未經歷頓挫失敗、悲哀艱辛的「成功者」，他的豁達純金度不高，可能是佯裝來的，可能是模仿得來的，充其量我們稱之「大器」。在心靈的原野，豁達不是生而知之，它是以悲哀當是肥料灌溉而得的。真正豁達的人，能把沉重的生活看得輕鬆，繁瑣的生活看得簡單，平凡的生活看得有趣。同時把清貧的生命變成開朗，困頓的生命變成輕盈，悲慘的生命變成豐盈。

我們以蘇東坡一生跌宕為例，梳理豁達的三個級別。

豁達第一重境界：自樂以入世

剛剛中舉進士的蘇東坡，成了大宋文壇的新話題，歐陽脩對他有無限的期待。不久，他寫了一段詞句「會挽雕弓如滿月，西北望，射天狼」，這是宋詞史上第一首豪放詞句。年輕的蘇東坡得意地說：「哎呀，最近沒事寫寫小詞，一不小心寫得比柳永還好，呵呵！」

這詞句，後來在他三十九歲時擔任密州的知州大人，冬天時與朋友們一起「密州出獵」，詩酒後〈江城子〉再度出現。這是他第一次「打獵壯舉」，心情激動。戴著錦帽穿著貂皮襖，左手牽著大黃狗，右臂駕著蒼鷹。非常多的騎手跟隨著他，全城百姓也來看熱鬧。蘇東坡精神昂揚，也為大家的熱情所感動，暗下決心，為答報人們的情意，他要學習三國時期單槍匹馬搏鬥猛虎的孫權（孫郎），給大家看看蘇知府的厲害身手：

老夫聊發少年狂，左牽黃，右擎蒼。
錦帽貂裘，千騎卷平岡。
為報傾城隨太守，親射虎，看孫郎。

酒酣胸膽尚開張，鬢微霜，又何妨？
持節雲中，何日遣馮唐？
會挽雕弓如滿月，西北望，射天狼。

豁達第二重境界：隨順以處世

蘇東坡人生第一次頓挫，是受到新黨政敵攻擊，「烏臺詩案」就是他因詩詞而獲罪入獄。在監獄裡，他雖然忐忑，但是既來之則安之，並沒有委頓愁容，也無哀聲嘆息，只有安時處順，靜待塵埃落地。

有一晚，一個年輕人拿著包袱走進蘇東坡的大牢，一言不發就在角落坐了下來。蘇軾心裡納悶，但也懶得問，倒頭就睡了。天亮以後，年輕人推醒還在打鼾的蘇東坡，笑著對他說：「恭喜蘇學士。」轉身出了牢房，悶聲走了。原來那個人是皇帝派來的小太監，奉命前來查看蘇東坡的精神狀況。小太監報告說蘇學士整夜酣眠，看得出心中沒鬼。而這件事，也促成了皇帝最後對蘇東坡的釋懷和赦免。

之後，蘇東坡被貶謫到長江中游的黃州小鎮。流放三年之後，他寫出了前後〈赤壁賦〉，領悟到「天地之間，物各有主，苟非吾之所有，雖一毫而莫取」。他也將心態調整，「將自己置於天地而觀，橫江的白露、接天的水光，全都是為你準備的秀色」。當年他與朋友春天出遊，被三月春雨淋濕的〈定風波〉，同行的朋友都覺得狼狽，只有他在放晴之後，另有豁達心思：

莫聽穿林打葉聲，何妨吟嘯且徐行。
竹杖芒鞋輕勝馬，誰怕？一蓑煙雨任平生。
料峭春風吹酒醒，微冷，山頭斜照卻相迎。
回首向來蕭瑟處，歸去，也無風雨也無晴。

豁達第三重境界：安樂以出世

離開黃州，回到開封。幾年後又受到政敵攻擊，連著被貶惠州、儋州。儋州是海南島，在宋朝時那裡算是「天涯海角」蠻貊之地。蘇東坡介紹此地「此間食無肉，病無藥，居無室，出無友，冬無炭，夏無寒泉」，但是他已然不以為苦。

在儋州安定，蘇東坡第一次吃到天然鮮蠔，回頭跟兒子蘇過說：「你千萬不要對外人說海南的蠔味這麼好吃，不然京城裡的官員聽到了，個個都巴不得被貶海南，分走我的美味呢。」這是蘇東坡困頓中的幽默與曠達。

六十二歲的他在海南安身立命，適然也淡然，與當地人融為一片。某天遇到一位七十多歲老婆婆，對他說：「內翰昔日富貴，一場春夢。」蘇先生，你當年榮華富貴，現在就像一場春夢。蘇東坡覺得她說得很對，還為老婆婆起了個名字叫「春夢婆」。蘇東坡〈被酒獨行，遍至子云、威、徽、先覺四黎之舍〉詩（其三）：

符老風情奈老何，朱顏減盡鬢絲多。
投梭每困東鄰女，換扇惟逢春夢婆。

這首詩是感嘆人生易老，卻又暗藏禪機。第一句：人間風情萬種，奈何時光流逝，老之將至矣；第二句：姣好的青春容顏，逐漸向衰老過度而去；第三句：那位青春年少的東鄰姑娘，整天在織布工作中度過；第四句：轉眼間，那位東鄰姑娘變成了老太婆。

詩句中，蘇東坡用了兩個典故。一個是「投梭折齒」，東晉時，年輕的謝鯤（淝水之戰謝安的伯父）見到鄰家高姓美女，找機會挑逗她，不想那女孩子把織布梭子朝他扔過來，打掉了他兩顆牙齒。說是少年輕薄，蘇東坡卻暗喻：女孩啊！青春有限，應該及時行樂。

第二典故（應該稱是自己的事件）則是蘇東坡當時與春夢婆相遇的事情：話說蘇東坡以為自己遇到仙婆，得其點化，當下以手中的大水瓢向她換取了手中扇子一柄。他隱喻著：水瓢是工作用的，是生活工具，而手持的輕風涼扇，才是逍遙行的人生。

蘇東坡整首詩暗喻：富貴如夢，清風明月才是真實的。這是劉禹錫的靈魂任務，也是我的。

9
那些寂寞美麗的獨立書店，有夢

以前我的新書分享會，總會以大城市的熱門書店為優先衡量。從《向夕陽敬酒》一書開始，會刻意要求出版社安排一些小鎮偏鄉的獨立書店，讓我「一遊小鎮書情，品讀老屋風情」，除了向那些勇敢的創店人致敬，也去凝視出現在那裡讀者的眼神，他們藏著深邃、安靜、曠遠的靈魂，是我所未見的亮光。

獨立書店總以浪漫與懷舊的形式存在，如同古董老椅子、詩人筆下遠方的消息以及泛黃的書本、老歌旋律、昏暗的燈光以及末班的火車……永遠雋永，引人遐想。我喜歡被滿滿書牆包覆的感覺，裡面有幸福時光的回味。

童年時，家母在竹山小鎮開了一爿租書店，生意不惡，我們兄弟就在簡陋但是豐盛的書海中長大，吸足瀰漫書本紙張味道的空氣和靈氣。獨立書店對我，是一種鄉愁，微微地呼喚和疼惜。

而今，許多獨立書店多了社區生活感，不僅藉由閱讀，也理直氣壯地延伸著非關鄉愁的在地關懷。書店有夢，也希望加入你的他的，成為大家的「我們的夢」，於是「一間書店」成了最大公約數。有時，鄉人笑稱「書店成了文化美學幌子」，大家甘之如飴當它是漣漪的核心，讓它外溢擴散給鄉人、給孩童、給遊人，給這個時代某種形式的美好。

練習曲書店——練習一個人、練習在一起、練習說再見

「練習曲書店」在花蓮縣新城鄉新城村信義路252號，然而新城在哪裡？

新城鄉位於花蓮縣北端，東濱太平洋，北與西臨秀林鄉（全台灣面積最大的鄉，山地鄉，並以太

魯閣族為主），南以美崙溪和花蓮市為界。是花蓮縣面積最小的鄉鎮，舊稱「哆囉滿」、「大魯宛」（太魯閣族的稱謂）。

「台8線」中部橫貫公路，以大禹嶺分西段、東段。主線全長一百八十八公里。西段從台中東勢往東開始，過了谷關後沿著大甲溪南岸，往梨山前去。東段則是從花蓮新城往西開始，進入秀林鄉，也進入了太魯閣國家公園。

二〇二二年十一月，「浩克慢遊」第五季最後壓卷集拍攝，節目內容走中橫東段，就是太魯閣之旅。錄製節目前一天，我的計畫是提早從台東都蘭出發，開車沿著台11線北上，花東濱海公路挨著太平洋，那是台灣最美麗的道路之一，可以一路貪看背光的普魯士藍太平洋。到了新城，先走訪書店。

練習曲書店位於新城鄉北端，立霧溪的南畔，近中橫東段起點，近新城火車站，也鄰近新城天主教堂。這是棒球教練胡文偉把老宅當是社區改造的原點，藏書很多，有二手書店溫馨氛圍。採「只借不賣」信任制，有些人一借不還，但有些人借走一本，卻多捐了一箱書回來，所以書店從窗台到樓梯間都堆滿了書。

二樓是大閱讀空間（每人低消一杯飲料），有時舉辦講座。書店沒有固定店員，多是打工換宿的代理店長。建築物的外牆是人氣拍照景點，鄰馬路牆上有一上下對折的玻璃大窗口，可以外帶咖啡，還有兩種接地氣的飲料，標榜的是書店哲理與態度：

練習一個人（小油菊花茶）80元

練習在一起（洛神花茶）80元

小油菊，屬台灣原生種，主要生長在中低海拔山區，花蓮玉里的赤科山區是主要的有機栽種產區。小油菊香氣濃郁舒緩優雅，一大壺熱水只需要少少幾朵香氣就非常濃郁。洛神花則是台東、花蓮的熱門季節作物。

書店的創辦人胡文偉教練，多年前組建少年棒球隊，隊中的小朋友多來自原住民部落和弱勢家庭。他認為棒球主要著重於培育孩子的品性，棒球隊的管理模式以紀律、服從、團結為主。參加了團體活動，孩子變得更有紀律，也比較願意和別人合作。他努力讓那些因為家庭問題而封閉自我的孩子，能夠漸漸打開心房，學習與別人相處，「練習在一起」。

創建老屋書店，是他的興趣與尋找地方創生的可能性。胡文偉認為小球員除了打棒球，培養閱讀習慣，建立第二專長也是重要的。最基本的想法是，希望打棒球的孩子不要因為運動而荒廢了學業。閱讀，是改變命運的方法之一。

二〇二二年八月十五日，書店臉書有「一起來山海間生活吧」徵才訊息：

從七年前陪伴棒球隊的孩子開始，一路走到這一兩年，開始做社區營造，目的都是希望與在地協力打造一個美好的村落，讓每個生命都能在此長成美好的模樣。而我們知道，要達成這個畫面，需要更多人一起來成就它。邀請你一起來打造美好……

文章之後，是徵人的細節與資訊，結語是：

最後想說的是，邀請你一起來練習解決問題，是因為我們相信，解決問題後打造出一個有未來的環境，可以讓我們不只接住孩子人生的一小部分，而是持續地接住孩子們人生中的「每一個小部分」。

「練習一個人」是孤獨管理，那是人生品質重要的一環。然而「練習在一起」則是學習一起做夢，從快樂地一起打棒球、吃飯、讀書，最後「我想要幫助這裡」念頭啟動了，想跟大家「在一起」來幫助青年返鄉、創造工作機會、活絡小村落……而當天拍攝浩克時，發現書店的飲料名稱改稱「練習說再見」，這個更有意思了。

原來這三種飲料名稱靈感來自《練習雜誌》，雜誌總共發行三本便停刊了，文光一閃。當年封面故事的主題，而今成了書店的主題：

Vol. 01．試刊號「練習一個人」（二〇一二年四月發行）

Vol. 02．創刊號「練習在一起」（二〇一二年八月發行）

Vol. 03．停刊號「練習說再見」（二〇一三年一月發行）

昔日雜誌的宗旨，宣言著，陪你走過生活裡的每段練習：練習捕捉吉光片羽的人生風景，練習享受平凡普通的日常片刻，練習面對每個瞬息的美麗哀愁，練習尋找自己生活課題的解答。

小島停琉——在島上開一間書店，醞釀美好發生

書店在哪裡？屏東縣琉球鄉中正路255之1號。琉球鄉？在屏東縣西南方外海，對外唯一交通是海運，它就是在東港鎮的西南對海的小琉球「琉球嶼」，東港鎮有渡輪站與之對開，「東琉線」交通船是其主要海運航線，兩地距離八至九海里，航程約二十五至三十分鐘。

我到恆春半島演講，如果有多餘時間，總繞路東港小鎮，滿足華僑市場的生魚片之行，那是我的旅行小幸福。一次，時間更餘裕，打完牙祭便前往碼頭搭船，這是我的第一次小琉球之旅。剛剛在生魚片店閒聊，老闆是小琉球退休的船長，聽完了他的故事，決定嚐鮮、觀察離島的種種。

獲得二〇二二年樹梅文化藝術基金會「獨書獎」的「小島停琉」，得獎的理由是「以海洋和環境為主題的小島書店。一起停琉小島在海邊看書、生活」理念。店主人蘇淮和陳芃諭並非本地人，但當年他倆會來到小琉球的原因很單純，就是因為喜歡海。（注：財團法人樹梅文化藝術基金會，宗旨主題之一：「美學，其實我們都有關係」。二〇二二年開始舉辦《樹梅獨書獎》。）

小琉球面積只有六・八平方公里，書店周邊幾條街的人全部是老漁民。來訪的旅人覺得在小島開書店實在太大膽了，鄰人們也都來關心「你們這樣會餓死」。但他們卻說：「我們有繪本，可以教退休的老漁民認識很多東西。」芃諭也說：「書店對我來說，像是生活的必需品。」而書店的存在，對於目不識丁的老人，是找到了陪伴。

因為喜歡潛水，兩人來到小琉球，才發現這裡很特別，「台灣從十月冬天開始吹東北季風，大部分地方都不能下水，而小琉球因為被中央山脈擋住，是全台灣唯一不受東北季風影響的離島」。小琉球不僅可以潛水，也可以看到海龜，蘇淮好奇之餘，便開始下水做海龜的調查、紀錄。蔣勳說他很佩服店主，書店不只賣書，還加入小琉球的海龜復育活動，帶領遊客去潛水，認識海龜的生態，勸導遊客幫忙一起淨空海灘。「這樣的書店太棒了，有夢想的人才會去做這種事」。

「大海、社會關懷，再來是生活」。芃諭說，選擇開書店，也只是因為喜歡看書，沒想到很多事開始慢慢發生。店裡不時會舉辦各種與海洋、環境保育相關的活動、講座等，還有許多開店之前沒有想過的事……。

蔣勳受邀從全台三百多家獨立書店中進行評選。他說：「我非常憂心和不捨實體書店的沒落，可是這是大勢所趨，但在這樣的一個趨勢當中，樹梅基金會願意辦這個獨立書店獎，我覺得很不可思議。一位退休後又回去開飛機的長榮機師，將他的退休金拿來支持獨立書店，我想他一定是童年有過這種小書店的記憶。」

給孤獨者書店——書與空間，是另一個自我的呈現

網路新聞說，停頓了三年之後，二〇二二年「給孤獨者書店」在台中火車站後方的「富興

工廠1962」重新與大家見面。地址：台中市東區復興路四段37巷2號3樓。

我很開心，休息幾年之後，陪伴孤獨者的書店又回來了。

新址的書店與舊家具的結合，給了這家二手書店非常獨特的風貌。舊址在台中市西區審計新村，書店的創辦人張豫非常年輕，我將他歸類為勇敢、害羞的創業文青，有著非常特殊的感性靈魂。許多人喜歡去書店，是因為他的感性特質。

從學校畢業、退伍後，去了一趟印度，這次的印度之旅改變了他的一切。之後，從童年的母親創傷走了出來……原諒與愛，是他長大後的學習。

我在《孤獨管理》新書分享會時常常引用書店的座右銘：「愛不會讓人成長，但孤獨會！」這是書本完成後才邂逅的一句話，它卻標記了我寫這本書的救贖與自覺。

張豫說：「是念ㄐㄧˇ孤獨者書店，不是ㄍㄟˇ。」讀「幾」，是代表「補給」，動詞，在授予的同時，也能自給，意思是「我希望來的人都能從這裡帶走些什麼，這裡會變成一座安靜的精神堡壘」，這是八年級的文青密碼，「給孤獨者」的命名靈感，擷取自《金剛經》的祇樹給孤獨園，那是他曾經在北印度德蘭薩拉長時間旅行時受獲的一則分享。

創店多年前，他接受訪時曾說：「書是一種擺渡，將人從一個地方渡到另一邊去，每一本書遇到不同人會產生不同效應。」書最珍貴的地方即是：「每個人內心都有睡著的東西，會有東西過來喚醒。」這是愛書人的喃喃自語，也是真情。

二〇二二年四月，他在接受《Taipei Walker》雜誌採訪時，回答著「文字之於你是怎樣的存在？」擅長思考的張豫說：「安靜地陪伴、不打擾，並且試著相互理解的人生伙伴。有時候，它會向我袒露我尚未可知的祕密，或在某些心意相通的瞬間裡，我知道它在，我也在。」

他所敘述的，我全然懂得，這是一位有老靈魂的作家言論。我自己的經驗，靜謐地寫作時，也常有老靈魂附耳向我說著「尚未具象的祕密」，然後在鍵盤敲擊中，一段一行一句它們就緩緩清晰了起來，陸續紛陳。當篇章完稿了，總有些「精采的」文字，是我未曾設想的落筆走向，這些美麗的結果總令人驚喜。

張豫的筆名是皮皮，著有《藍色的房間》。二〇一五年二月，紙條電台Notes Radio訪問他「為甚麼署名皮皮？」他回說：「住在過去裡的那個我，十分想念他，那是屬於月亮背面的領域。但活在現實生活之中，這個倚靠理智與謊言存活的自己，必須被時間之蹄追趕，它要我活在此時此刻。扯不開這兩者之間的混亂，就是使我日夜痛苦的原因。」自我療癒過的張豫繼續說：「現在，我能平淡說著與他的事，並且笑著哭，這就是我成功的地方，我允許帶著過去的那個自己，繼續想念，同時也願意繼續生活下去。」

一位帶著童年創傷，透過文學療癒自我的年輕作家，最終以書店的形式成長自己，也以此書店的存在，撫慰內心孤獨的來訪遊人與愛書人。「我知道文學正以幽微的方式照顧著我，它是一位恆常左右的友伴」。

是這樣。」

書粥——長濱街上，吸引異鄉人輪流來擔任體驗店長

營業時間：星期一至日——上午十一點至下午五點，有附記：「有人顧店時，正常的時間是這樣。」

喜歡喝牛奶，索性在家養隻乳牛。對書蟲而言，開一間獨立書店，也是一樣任性的事。二〇一九年疫情前，舊友郭耀威離開府城正興街，從西岸到東岸，從人潮熙攘的喧囂舊城老街到寂靜的台東長濱小鎮，以浪漫、勇敢又唐吉軻德的冒險精神，在長濱村22之1號插旗開鋪。

他以顧店換宿的方式，募集了千里而來、排隊一列的「體驗店長」們。也許是口耳相傳、也許是網路無遠弗屆，他們都是嚮往東海岸的異鄉人，喜歡太平洋遼闊的黑潮藍，喜歡透明度高的濱海空氣，也想體驗書店人。遊戲規則是，每次當班至少七天起跳，最多兩星期，他讓這些長期遊人來當店長，一方面省去開店人事成本，一方面他可以騰出一隻手，另外嘗試不同的社區行動。

自詡在「遠的要命的地方」開書店，沒有火車，只有一條花東海岸公路的長濱，是浪漫，也是「不甘寂寞與人生反省」。店名「書粥」，意思是偏鄉小店經營不易，萬一賣書無法維生，那就兼著賣粥，還好目前尚不須煮粥度日。小小一爿書店，擠了四百多本書，三分之一是二手書，新書則維持原價，不打折的信念。「願意用原價買書的人，表達了對這間店的支持」。

旅行不是讓你不停地走著，而是慢下來品味。二〇二一年暮春，我走了一趟長濱，拜訪書粥是旅行的目的之一。Google Map 導航到對街的「哈地喇小吃」，那裡是長濱市區大街的一段。書店是二樓街屋建築，小小騎樓，進了書店，溫潤的木質空間，光線通亮，除了書本之外有一些掛報、手作明信片、海報等，也有附近小農的農作物加工品。

他的朋友來訪，「耀威今天在嗎？」是開場白，我也這麼問著。在台南舊城組成「正興幫」、出版《正興聞》刊物的高耀威，長居熱鬧的文化古都，為什麼會想要到東部海濱偏鄉開一家書店呢？長濱鄉總人口僅七千多，長住人口更低於此數。我好奇他的內心世界，是自我放逐？遠離喧囂？採菊東岸？尋找孤寂？還是製造浪漫？

知悉郭耀威不在，慢慢遊走書店，專注在陳列書本上，感受他的選書品味。我選購了伊東豐雄的《相聚於美麗的建築中》，這是一本建築人的散文，內容是他在腦幹梗塞（中風）復健中的書寫，伊東豐雄回顧他過去的建築作品。生病讓所有的忙碌停擺了，思考著過去自我內在理論，也就是說，他是基於何種想法，從事創作建築的？

伊東豐雄寫到自己所開設的建築事務所快五十年了，這次病痛時的「暫停鍵」，讓他思考的是：「人生，如果不以建築師的身分，而是以『一個人』，他能做到什麼？」這段自序，讓我想到郭耀威離開正興街名店「彩虹來了」，赤手空拳到長濱，「書粥，一間書店，能做到什麼」？

雜誌《Shopping Design》的訪談中，他說：「探索沒人敢試的新生活價值。」做為一間獨立書店主理人，也是《不正常人生超展開》的作者，創設了長濱唯一的書店，偶爾幫忙社區照顧小孩，他說這裡不是書的店，而是人的店，他也會陪常來的孩子們畫畫或是煮泡麵。孩子來這裡看漫畫、睡午覺……鄉下的孩子們要的其實很簡單。

永勝5號——在屏東眷村幽靜小巷，像家的地方

「永勝五號」位於屏東市「勝利星村創意生活園區」（這個園區，竟然有五間別具特色的獨立書店），地址「永勝巷5號」，書店建築也是作家張曉風的舊居。她的少女時代，十四歲至十八歲的青春就讀屏東女中，把自己房間取名為「桃源居」，文學夢在此萌發成長。

〈桃花源記〉是許多古人在仕途受挫之後，以「不知有漢，無論魏晉」的避世心態，希望能在「雞犬相聞、屋舍儼然」的桃花源，找到安頓靈魂之處。但是，少女張曉風應該是取其「黃髮垂髫，並怡然自樂」的自適吧。

二〇二二年十一月十二日下午，書店有一場「家的演唱會」，是Acapassion人聲樂團與八十二歲的作家張曉風在此「文學與歌的對談」。書店臉書的文案是：南國初冬涼涼的時節裡，最適合在一個像家的地方，來一場溫馨的歌唱會，可能唱我們都會唱的歌，可能唱會想念起某人的歌，人聲總能帶我們去最思念的境地。」一個完美的企劃活動，不知張曉

風當天午後，有無如李清照吟唱「常記溪亭日暮，沉醉不知歸路」，紀念她年輕的歲月？她受訪時曾說，一生中不斷看到眷村消失，很為老家擔心。她常帶點私心的禱告，總希望能讓一些記憶留在城市裡，「很開心，看到這棟房子被保留下來。」書店在張曉風當年四姊妹同住的房間裡，仍保留一張書桌，緬懷她的少女時光，桌上和牆上有著張曉風不同年代的照片和手稿。

書店臉書的簡介：「二〇一九年由作家郭漢辰申請進駐，目前是獨立書店、更是微型文學館，提供書籍及咖啡午茶，並不定期舉辦文學活動，展示關於文學的、關於生活的、還有我們所愛的屏東。」我喜歡書店建築保留初年的眷村氣息，黑瓦建築、屋後緣廊、矮牆紅門、木格門窗，前後院植有蓁蓁茂茂花木，幾株老樹，蒼鬱成蔭。

作家郭漢辰是我的舊友，也是故友，二〇二〇年三月二十五日凌晨病逝。他去世前十天，我在此書店有一場《哲學樹之旅》新書分享會，漢辰還擔任了我的引言人。雖然知道他有病在身，不知死神已經在身邊埋伏。漢辰的妻子翁禎霞，她在收拾心情之後，黎明時間，即在臉書貼出郭漢辰過世的消息。這兩年來，我都是從臉書上關注書店與禎霞的動態。也追蹤禎霞與永勝 5 號驚人的活動力與堅持，維持：一間刻劃歷史記憶與推廣文學的獨立書店，讓人感受文學帶來的美好。

二〇二二年十月書店傳來信息，說有幾個屏東讀書會，他們深讀了我的《向夕陽敬酒》，希望我能去上課也接受他們提問。最佳時間是星期一下午，因為當天公休，整個空間可以騰出來。我應了，選在十二月拍攝「浩克慢遊」的前一天。浩克在高雄鹽埕之旅，我想下課後，方便逕自驅車前往鹽埕飯店集合，應該來得及參加晚上攝影團隊的行前會議。

下午兩點抵達時，已經多位學員在書店，他們興奮地翻動書冊裡密密麻麻的筆記，七嘴八舌說著他們整個二〇二二年每一個月，分人負責導讀不同的篇章，十二篇章、十二個月、十二位導讀者，細細嚼慢慢嚥，如果遇到書裡我介紹的電影，他們一起共賞影片；如果文字裡僅有一行詩句，他們搜尋整闋詩詞……第一次看到如此盛情又用功的讀書會。

當天的講題是「從曙光、昀光、晡光到暮光的人生」，我說了如何讓自適在走向暮光的過程中，如何活得精采，而不是成為自己年輕時厭惡的老人，這是必須學習的人生課題。下課後，學員們熱情簽名、合影、小聊、分享。

我與書店主人繼續談著，這次的分享會開心的感受。次日，禎霞在臉書說：「過去書店活動多半是由書店主動規劃，這次活動是第一次由讀者向書店『下單』，參與的讀者都是讀過老師的書，再參與這次的分享會，因此對老師所說的，讀者特別有感。看著他們個個拿著書，分享讀後的心得，頓時覺得一群人一起讀書真是幸福。」

閒談中，被要求「請寫一些東西吧！」在原是張曉風房間所布置的書房，有一落稿紙，端坐書桌前我信手寫下：生命有許多不同的速度，年輕時鮮衣怒馬，中年時蜻蜓趕路，現在則多慢行山路。看看花樹與新綠，領略生命最純粹的速度，跟著四季而行，順著節氣而活，把日子過得像是老農，這是現在的我。

此一微型文學館，仍有蓬勃的文學熱情，真好。

力瑪書店——藏身在都蘭小村，台11線路邊的急短坡道

地址：台東縣東河鄉都蘭村112號B1（大街路邊，急短坡道建築的地下樓層）。一星期只營業三天的個性獨立書店，其他四天，書店主人號稱都在衝浪。

這爿小書店離我現在的生活圈最近，與書店主人約談閒聊理念，卻是拖得最慢，這符合了我部分的人格特質，「眼前這顆美麗璀璨的星星，我留在最後再來好好地、靜靜地欣賞。現在先忙最遠的、難度比較高的」。留在最後才訪談落筆，卻是因為我有「力瑪，餐後最後一道精緻的甜點」的感受，這是一間輕甜靈巧的書店，頗有生活張力。

旅人認識「都蘭」，總說在這裡生活的關鍵字有：度假、藝術、衝浪、異國氛圍。我對在這裡生活的人們組合，約略分類：阿美族原住民、種釋迦的果農、長期隱居的島內移民退休人士、短期移民者、有機生活的療養人們、各種藝術創作者、文人、衝浪愛好者、背包客、異國婚姻的老外組合。

這些族群屬性，有時是相混交錯的，像是二〇二一年「浩克慢遊」來此，採訪了一位阿美族年輕人阿光，他娶了紐澤西女孩敏莉。阿光從事手碟音樂創作、衝浪，敏莉是刺青藝術師，編織也酷愛衝浪。小鎮醫師的妻子是日本人；法國的酸種麵包師傅與台北女孩；外配妻子有一間精采的越南美食店；澳洲醫生與彰化女畫家；退休的韓國華僑歷史老師開了一間民宿……。我觀察到都蘭附近的大小餐廳，多會提供中英文菜單，顯示都蘭是「很國際」的小村，甚至許多老外都是美食的提供者。

書店「力瑪」的原意，是阿美族語的「第五道浪」，所謂第五道浪是個修辭，當你過了第五道浪後，外海就開始平緩，這是阿美族人對於近岸海浪頻率的觀察，並延伸到勉勵後輩面對驚濤駭浪，不要輕易放棄的人生哲學，最終的成功都是留給堅持到最後的人。一樣道理延伸到衝浪客，「第五道浪之前的碎浪是危險的」，過了這個階段，都蘭海邊的浪況穩定，浪頭多且順，非常合適衝浪初學者練習。

我問書店主理人鄭雅芝，為何一個星期只營業三天？每個星期四、五、六。營業時間早上十一點到下午五點。

她說營業之外的時間，都在從事翻譯工作與衝浪，背後的理由是沒有能力僱用員工，都蘭小村的店家們幾乎都是家人一起經營，無法負擔多餘的人力。像她這樣「獨力親為」的小書店，翻譯工作是「必須的」另一個收入。斜槓工作，就是為了有更多經濟能力，久留在都蘭。

雅芝是台南出生的醫生子女，童年住家的北門路有多間書店，她的鑰匙兒童歲月多在書店之間度過。所以當她在外地、外國求學生涯之後，職場工作拐了一圈，最後開了一爿小獨立書店似乎不意外。但是，為何選在都蘭？答案有些曲折，似乎又很合理。大學時讀森林系，參加登山社，當昔日登山同好紛紛成家後，有了家小，也不再登山，開始轉向多元親子活動。她受邀一起到東河金樽衝浪度假，自此愛上這個水上活動，甚至搬到台東海岸。幾次搬家，最後賃屋到了都蘭，也對都蘭小村有了情感和承諾。

「為什麼要開這間獨立書店？」因為疫情，都蘭唯一的書店「小洋房」結束營業了。她則在天時人和之下，浪漫又勇敢地創立「力瑪」。初心？是都蘭小村能夠讓遊客「停下來的地方不多」，除了都蘭糖廠、都蘭國之外，在各家餐廳大快朵頤之後，書店，或許有機會。

選書，是一項很大的學習。開始都是自己喜歡的、熟悉的，慢慢地有人回饋雅芝：生態、原住民文化、身心靈的、外語書……可以符合都蘭的居民屬性。也是如此「與土地連結」的結構群組，書店成了鄰近地區的小農供應友善蔬菜之處，居民在網路裡下單，然後在星期六下午來此取菜，順便資訊交流。

創立不久的書店，已經舉辦了多次講座、新書分享會。活動規則是報名費用一百五十元，可抵購書費。我在許多間獨立書店遊走觀察，總看見書店主理人對於書本售價？折扣？先有些掙扎，後來總定下心說：「原價，是對獨立書店最大的支持。」然後邁開腳步往前走。力瑪努力與社區連結，與居民與遊人連結。她的人生，展開適合衝浪客的湧浪。

湧浪，到達岸邊時波高增加，銳利度到達一定程度時開始破碎，激起巨大浪花。湧浪又名長浪，它對衝浪客是絕佳的海象。對於旱鴨子的我，認為湧浪絕對比風浪美麗，耐人尋味。

10 閑情四事，我的幸福任務

四？為何不三？不五？古人對於「四」反而沒那麼多忌諱，唐玄宗甚至連骰子的四也弄成紅色，說什麼「四紅、賜紅」，喜事吉祥。乾隆的四庫全書，佛家的四大天王，詩家的四大美女，道家的四大神獸……。

宋朝書法有「宋四家」、明朝繪畫有「明四家」，至於「元四家」是指山水畫的四個代表畫家：趙孟頫、吳鎮、黃公望、王蒙。歲月往前，有「初唐四傑」，說的是初唐時期的四位書法家。歲月往後，野逸的「清初四僧」是石濤、八大山人、髡殘、弘仁。似乎麻將四咖才能湊一桌（一張桌子有四隻腳）……四，有平穩的（像是四向：東西南北）、全面的（像是四季：春夏秋冬）、廣泛的、不那麼偏頗的意思。

我在二〇一五年拍攝「浩克慢遊」的三峽祖師廟之後，發表一篇臉書小文：「三峽祖師廟正殿的四隅，皆以觀音石雕做壓陣，前後四個角落分別是「四愛」，有陶淵明愛菊、唐玄宗愛牡丹、林逋愛梅、周敦頤愛蓮。其中陶淵明的作品裡藏有「愛菊」兩字，而唐玄宗的石作角落有楊貴妃正輕舞著。」

趁著錄影空檔，我仔細端詳了祖師廟林梅樹老師及其石雕職人作品，因為他人已經有太多石雕技法讚美了，所以我僅僅選擇了寺廟外牆四個角落的「文人閑情心事」，悄聲輕說林梅樹老師對於古人四季，有幽微的賞花寄託、嚮往。

二〇二二年九月十六日，國立故宮博物院北部院區推出宋代的「閑情四事——插花、焚香、掛畫、喝茶」特展。除了來自故宮典藏之外，大阪市立東洋陶磁美術館藏〈元，龍泉窯，飛青瓷花生〉、〈南宋，建窯，油滴天目茶碗〉兩件日本國寶，京都大德寺龍光院、國家圖書館的珍藏也共襄盛舉。根據故宮的展覽概述：

古今講究生活質感與情調的人，總會為平淡無奇的日常，製造一些起伏和趣味。今天仍然有人雅好的插花、焚香、掛畫和喝茶，長久以來就有人樂為此道，甚至可以追溯到千年以前的時光。

從傳世的文獻、器物與書畫，可以看出十二世紀的宋代人插花時，分外講究花器與花材的搭配。品香的同時，還要講究個人專屬的味道。而且，掛畫除了美化居家環境之外，更重要的是創造一個走入其中的優雅空間。朋友相聚，人多舉辦以點茶為主的茶席宴會，獨飲或人少時，則以古意盎然的煎茶展現格調。

晚上金鐘獎頒獎；下午先走入故宮北院看展

「閑情四事」真是好主題，我選在二〇二二年十月金鐘獎頒獎日的早上，搭上高鐵，先行到故宮看展，晚上再參加國父紀念館的頒獎活動。

宋人吳自牧在其筆記《夢粱錄》中記載：「燒香點茶，掛畫插花，四般閑事，不宜累家。」我喜歡如此「沒有投資對價」的興趣態度，這四種閑事它們無法當財富累積傳家。一次閑事，僅是室內儀式性的精神過程，也是日常閒情滋味。日子不靜下來，是無法領略其中的內斂禪意；心情不靜下來，是無法看懂個中空靈美學。

展覽聚焦於十二世紀後，宋人的文雅生活。我在十月金秋前往，走入宋代文人雅致生活的「四事」或「四藝」世界。此四藝者，通過嗅覺、味覺、觸覺與視覺，將日常生活提升至藝術境界，也是文人參禪悟道的重要方式。我來，除了來欣賞這些人間上品的器物、文獻、書畫，希望有些許啟發和滋養。

看著九百年前，先人講究生活中閒情逸致的優雅，我思索退休生活中要如何建立起自己的「新閑情四事」？不是讓自己瞎忙，而是讓學習這件事，多了在平淡無奇的日常製造一些起伏與樂趣。

從黃庭堅的香料配方，到我的岬角白梅精油

所謂四事之一「焚香」，其實指的是薰香的一種。在「焚香」的時候人們會將適量香料投入香爐之中，然後以文火烤之，使其散發出醉人的香氣。

這次展覽作品，有一則宋代黃庭堅的《書嬰香方》香料配方手稿。黃庭堅毫不諱言地以「香癖」自稱。他的《書嬰香方》記載「嬰香」配方。據說，嬰香味似嬰氣，略帶淡雅梅花香味，又因含有麝香，具提神醒腦之效。

文人愛香，他們也廣泛參與香品、香具的製作和焚香方法的改善。像是王維、李商隱、徐鉉、蘇軾、黃庭堅、陸游等都是製香高手，而以黃庭堅最認真記載香方。賈天錫曾經相贈黃庭堅「意和香」，但要他以十首小詩交換。「意可香」，此香初名為「宜愛」，以「沉香」為主，「紫檀」為輔。但黃庭堅認為其香殊不凡，氣味清遠，恬澹幽寂，所以將它改名「意可」，那是黃庭堅對其精神世界的反映。

話說古人的焚香，始於商周時期的貴族，隨著佛教、道教在六朝發揚光大之後，這種蘊含雅致氣息的習俗，逐漸從宮廷中流傳至民間。數千年來形成傳統的「香文化」，有嗅覺享受，也有修身養性的作用，當然在才華洋溢的文人墨客焚香撫琴、吟詩作畫的印象影響之下，焚香成了雅事，也成了閑事。李商隱有詩說明這般場景：

颯颯東風細雨來，芙蓉塘外有輕雷。
金蟾齧鎖燒香入，玉虎牽絲汲井回。

東風颯颯，陣陣細雨隨風飄散紛飛。荷花塘外，遠遠傳來了聲聲輕雷。裝飾著鎖紐的金蟾香爐中，不斷飄散出裊裊香煙繚繞於房間。形似玉虎的轆轤牽引著繩索，正在從水井中汲水。

也來說說李清照，她中年喪夫後因為國難南渡，顛沛流離，兩年後北宋成了南宋，李清照從此淪落江南江寧，只能眷戀北方故鄉。她在〈菩薩蠻・風柔日薄春猶早〉一詞中，後闕就有「故鄉何處是?・忘了除非醉。瀋水臥時燒，香消酒未消」四句。

「故鄉何處是?」望遠方,煙水茫茫,故鄉在何方?而我在天涯。「忘了除非醉」除非喝醉了酒,記不起來了,不然這鄉愁一定時時糾纏著我。瀋水香,即沉香。「瀋水臥時燒,香消酒未消」,睡時點上的沉水香,希望能助我入眠。但這香已燃盡,那酒卻未能助我消掉心中的愁啊。能夠將鄉愁、醉酒、焚香同時寫得絲絲入扣,除了李清照之外,真找不到有此意境之人。

焚香閑事,唐宋那個時代離我太遠了,但是我對現代的芳香療法卻是好奇。兩年前,伴侶開始迷戀精油調配,我喜歡她為我量身調配一瓶岬角白梅精油。

岬角白梅產地在南非好望角,它是芸香科,長在砂岩上,外觀看起來像是冬季香薄荷和茶樹的綜合體。在好望角著名的暴風季,人們總會看到一叢叢頑強的灌木,面無懼色地開著白花。它長著冒著油點的針狀葉片,當地漁夫拿它搓手,除去手上的魚腥味,露宿野地的背包客也用它驅逐螞蟻和蚊子,可見那葉片的香氣多麼強勁,而且兼具花、果、香料的味道。

根據綠蒂亞・波松(Lydia Bosson)的《性・愛的九種香氣》(*Nine Types of Aromascape in Sex*)精油書本說,岬角白梅與玫瑰、天竺葵配方可以創造幸福感,並與自己握手言和。若加入永久花，則能戰勝悲觀、釐清思緒。

當芳香療法為一門正式學科，嗅覺不僅是有翅膀而已

伴侶收藏的瓶瓶罐罐精油，有兩三矮盒，約是見尺大小。我喜歡掀開它們，每每光看那小瓶蓋上的林林總總名稱，就覺得彷彿鄭愁予的新詩句子躡手躡腳地悄聲走了出來，我學他的口氣：

北美雪松　乾淨清爽，削鉛筆有童年味
絲柏　雨後輕煙，有琥珀香脂的誘惑
銀冷杉　冷冽明亮，北國童話小鎮歌聲純淨
蘇格蘭松　溫暖殘韻，仙人相戀後留下來的夢境
黑雲杉　氤氳雨絲，我們濯足在銀河初夏
台灣紅檜　氣味有歌，撫慰著遠方的腳步
白松香　呼喚愛情，詩人賦別在寂寞的路口

從北國各種海拔的針葉林：黑雲杉、穗甘松、歐洲赤松、雲木香、白松香、雪松、紅檜等等，其他闊葉喬木與灌木，像是絲柏、冬青、肉桂、印度檀香、香桃木、肉豆蔻、尤加利、花梨木、太平洋檀香、千葉玫瑰、阿拉伯茉莉，進入花草類的肯亞岩蘭、冬薄荷、馬鞭迷迭、晚香玉、洋甘菊、藏茴香、沙蕀、香蜂草、忍冬岩蘭、土瓶乳香、河岸乳香……不同的名字，不同的香氣。扭開瓶子，讓充滿夢幻想像的香氣繽紛登場，有冷冽寒冬依然傲然的森林幽微香氣，有芬芳馥郁的歐洲花園、香遠益清的中國山水……令人神遊的精油世界。

話說西元前三千年，埃及人已經利用芳香植物做為藥材與化妝品。古希臘人在此基礎上，更進一步研究，他們以橄欖油來收集花瓣或藥草的氣味，那些具有香味的油成了藥物、化妝品，甚至製成油膏將它們帶上戰場。羅馬人從希臘聘請許多醫師，擔任軍醫、御醫，甚至醫療在格鬥場受傷的戰士。古羅馬的御醫蓋倫（Galen），寫下許多植物草藥的理論，分類植物的醫學功能，甚至發明了「冷霜」，那是現代藥膏的原始型態。

羅馬帝國敗亡，一些倖存的羅馬醫生，將其翻譯成阿拉伯文。自此，那些古希臘、羅馬的醫學知識便開始在阿拉伯世界廣泛傳播。阿拉伯史上最偉大的醫師阿比西納（Avicenna），他除了留下八百多種植物的珍貴紀錄，甚至在芳香療法的歷史上，改良了蒸餾精油的技術。這件事發生在千年前。

十二世紀，參與十字軍東征的騎士，他們帶回「阿拉伯香水」，也把蒸餾萃取的技術帶回歐洲。有沒有覺得，如果透過一個單單知識的溯源，也能疏理複雜的歷史脈絡。

其實，在芳香療法歷史長河中，印度、中國各自有傳統知識發展，與歐洲世界極其不同。只是中國走向更深厚的醫學路徑與文人香，印度則揉入了宗教觀、哲學觀。

《療癒之島》作者：透過嗅覺感受植物的力量

二〇二二年九月，都蘭村的力瑪書店舉辦了一場由《療癒之島：在60種森林香氣裡，聞見台灣的力量》作者的新書分享會。當晚分別由楊智凱與溫佑君，雙作者一前一後登場，我是小書迷，安靜地寫著筆記，享受一場豐盛的香氛知識饗宴。

楊智凱是擅長療癒書寫的植物學博士，對於台灣在地植物與人文故事有迷人的論述。而芳療名家溫佑君不僅結合多種自然療法體系，更將深刻的中西哲學思考與價值思辨導入芳療之中，因此她在台灣拓展出一條獨樹一格的香氣之路。

講座裡有一張令人驚豔的黃荊花朵圖片，漂亮的淡紫色，有點像九層塔的圓錐狀聚繖花序，簇擁密集，淡雅迷人。它是原住民重要的無煙耐燒薪炭良材，也是天然的防蚊精油。掌狀五枚複葉，講座中大家分別摘下一片尖梭般小葉，揉爛葉汁聞香，味道不是那麼討喜，卻有土地力量的悠遠。民間有人稱它「埔姜仔」，其果實可當藥材，稱之「牡荊子」，煎服可治感冒、頭痛和神經痛。

一邊聽著黃荊芳香資訊，一邊思緒遠颺，憶起平常遛狗的山路有幾株野生黃荊，心想改天荷著鋤頭去挖掘，將它改種在院子裡。花期是初夏，之後收集它的種子，曬乾，縫入枕袋當是枕頭，有安眠保健功能。當念頭還在黃荊枕頭，溫佑君繼續介紹著有親戚關係的三葉蔓荊，說它也可以安眠鎮定；楓香對於憂鬱的人有正向導引的力量，有人稱其葉片的清甜氣味有浮雲的感覺；帶有乘風破浪氣味的瓊崖海棠；具有結界氣味的石蒜科文殊蘭；林頭則有隨遇而安的氣味；還有屬於中海拔森林氣味的二葉松、五葉松……。

為甚麼人要認識植物？因為植物能夠助人認識自己。過去，我多次導覽城市的老樹之旅，除了梳理它們的身世，我也喜歡摘下綠葉，深度嗅聞它們的氣味，我同意「每一種植物氣味都是一次邀請」，用香氣開啟森林田野的另一種解讀方式。宋代的黃庭堅品鑑焚香，對我是遙不可及，但是認識植物的各種氣味，學點精油芳療，這個閑情學習……我想我可以。

我的閑情二事：煮泥玩陶

坦白講，我覺得自己捏陶玩泥，做點馬克杯、碗盤、簡單花器，「自作自受」這應該是很酷的事。自忖這種閑情手藝，我想先拜師學得一些基本功，「應該不會太難」吧，我算是小肌肉靈活的人，加上有點美學基礎，而且也算是「見多識廣」了。所以，開始釐清「新學習的項目」，煮泥玩陶，成了設定目標，而花器的製作是我的終極目標之一。

話說「陶藝」在古代屬於匠師手藝，那些文人多是「使用者」，尤其宋代人更講究插花時花器與花材的搭配。話說地更遠，東漢開始，因為插花是佛門中六大佛事之一，人們逐漸發展出插花專用的花器，到了魏晉南北朝，佛教更盛，那些文人更精心插花之事。

到了宋朝，對於插花的追求有了更深沉的演繹與延伸，此時人們對於插花，更多的是追求性靈的展現。文人之間的插花意念開始主張「花德」，他們有別於宮廷浮誇、氣勢的追求，隨意自在，藏有一顆閒適嚮往的心，意即通過插花來表現一個人的品味、品格和志向。

李夢符有詩「插花飲酒何妨事，樵唱漁歌不礙時」；歐陽脩則吟「插花照影窺鸞鑒。只恐芳容減。不堪零落春晚，青苔雨後深紅點」；陸游歲暮書懷「床頭酒甕寒難熟，瓶裡梅花夜更香」。南方是南宋，北方則是金，當時北方大文豪元好問，他也是一位花學家，常常插花，曾賦有瓶中雜花七首，如「古銅瓶子滿芳枝，裁剪春風入小詩」……。

北周詩人庾信的〈杏花詩〉所說：「春色方盈野，枝枝綻翠英；依稀映村塢，爛漫開山城；好折待賓客，金盤襯紅瓊。」他把紅色杏花擺盤以饗賓客，此稱之「盤花」，不是一般的「瓶花」。

宋朝文人喜歡插花，其來有自。話說隋唐時訂農曆二月十五日為「花朝」，為百花慶生。「花朝節」到了北宋曾改稱「撲蝶節」，後又改為「壺碟會」。此「壺碟會」間接帶動各式花器鑑賞的風氣。

到了明朝的花器與插花藝術，分有堂花、室花、齋花三個主題：堂花擺在廳堂之上，花器多選擇壯麗者；室花即是擺在書齋的小瓶花，花材以枝瘦巧輕靈者，花朵數量不多，反而重視枝葉；齋花與佛教修行有關，以清逸、孤逸之氣為重點，花枝蕭疏，多以一瓶一花為表現重點。

明朝張謙德在萬曆二十三年（一五九五）寫了《瓶花譜》，他自號「夢蝶齋徒」，寓意莊老道家式的生活態度。《瓶花譜》文字不多，分有品瓶、品花、折枝（主線條的構圖）、插貯（空間結構）、滋養、事宜、花忌、護瓶八篇。張謙德論述瓶花細節，內容頗有見解。

所謂瓶花，即現代的插花、切花藝術，以異彩紛呈的各色植物為花材，藝術性地插貯於瓶器中，創造出含有特定理念的造型，將自然美的因素引入瓶器，為日常生活經營出一片美學空間。張謙德的論述，說明關於明朝人對於插花與花瓶，進入了與前人不同的見解觀點和審美理論，也將境界由「重人」、提升至「愛花」的立場，形成精闢的系統性，既有豐富的經驗祕法，更有寶貴的理論總結。

梳理了這些古代花事，也在故宮展覽見識各式花器的典雅品味，有些線條像是穿著和服女子的粉頸、下弦月的內弧、在強風中枝枒的彎垂張力……其中「青瓷瓶和紫薇花」介紹文：器表呈現綠色系色調的瓶子是青瓷，這樣的花瓶適合插什麼花呢？南宋詩人楊萬里順手寫成「青瓷瓶插紫薇花」。他在清晨喝茶、看花，為一天揭開序幕。你呢？

我呢？院子種有幾株紫薇，每年五月開始綻放繁茂花朵，總想要將它移入室內，放置在伴侶的書桌上。

當我對於「閑情四事」所展覽的花器有了更多凝視，學習動機也濃烈許多，皮毛地理解古人對花世界的品味。好了，捏陶手作花器與動手插花，就列入我的閑情四事之一吧。而第一個作品就仿作青瓷瓶吧，明年長夏就讓紫薇花對紫薇郎，濃豔入室。

我從菜市場找到的閑情三事：蒔瓜種菜

「蒔瓜種菜」是我的本能，絕對不是專業。幼童時的小鎮生活，奠定當前這種田園之樂的基礎。退休之後，自由的時間變多了，三年前在土地裡找的力量，我以為那是幸運的事，也是閑情之事。

過去多年因為書寫小鎮的菜市場專欄，除了探究當地特殊的熟食小攤，採訪時目光總因本能驅使而「關注小農與當地的作物」，於是筆下多是這般紀錄，樂在其中：

【在關廟，山西宮廟前熱鬧早市】

離開小攤到市場口，我開始查看小農們自家栽種的作物。關廟不濱海，多山產，尤其盛產綠竹筍，我來訪的季節很「著時」，攤架上已經有小巧精實的鮮筍。說是採訪，倒比較像是採買了（下回，我應該邀編輯一起前往，讓他幫我拎提大包小包）。與筍農聊得開心，他說「一斤五十元算你四十就好！」話都說到這裡了，我也開始「用力挑選」：外型短厚粗胖、帶有牛角曲彎的新筍是最好的選擇。遇到賣草藥的小農，寒暄後開始學習那些一束束枯乾小枝的名稱與用途，我慧根差，老是記不住它們的名字，只知道可以利尿、排汗、抗發炎等。

【在新營，濟安宮大廟熱鬧早市】

這個季節蓮子剛剛上市，甫採擷的新鮮蓮子依然帶殼，幾句閒話，漂亮的女菜販邀我剝殼嚐鮮，分兩段試吃，一個是香糯的牙白蓮肉，一個是淺綠的苦味蓮心，賣蓮女說這個專治失戀。一旁的阿婆手握一根尖釵工具，正耐心地把一顆顆蓮子剝去綠皮，我問怎麼賣？帶殼一斤一百三，剝殼一斤三百三……我買去殼的（喜歡阿婆細心剝殼的模樣，那是很磨工夫的手藝）！回家應應節氣，煮鹹煮甜。

【在大內，舊名內庄的小鎮市場】

其實，我停留最久的是一爿菜苗的販售店（也賣著許多菜籽），豐富多樣的各種怯生生的蔬果嫩苗整整齊齊地鋪開在路旁。我嘗試辨識它們，結果還是靠老闆解惑，那個是木瓜、百香果，這邊的則是皇帝豆、冬瓜等等。

我決定在自己陽台栽種茄子、百香果、小綠椒和朝天椒，四株小苗共九十元。哈哈，我的陽台原有咖啡樹、柑橘樹、黃肉李、香瓜、芋頭，現在又添加新成員了。基本上，「挽手種菜」是鎮民習慣，所以大內市場沒啥蔬果攤，小鎮居民他們多「自己吃自己種的」，受到這個啟發，我現在也成了小農。

【在楊梅，有熱帶天堂光的市場】

剛剛進入復華街，街道的中央有一排小農，蹲著幾位客家阿婆，她們擺著自家栽種的青菜，一把一把清晨採收的蔬菜，排列整齊，我也蹲下來與她們攀談，請教歲數？有七十五歲、七十八歲還有八十二歲的，她們「努力」回答我的問題「這是什麼菜？」客家話我不懂，路人加進來幫忙翻譯，聊天之中，大家熱情說明著我手持這一把青菜該怎麼烹煮。最後，我買了阿婆自製的「菜頭粄」和熟悉的地瓜葉，三大把共一百元，因為鮮嫩無比，回家汆燙料理即可，淋上橄欖油、醬油，加入細末蒜頭……菜還提在手上，我已經幻想著滑嫩入口的鮮滋味。

【在官田，雨後黃花的小鎮市場】

市場到了，我停妥車子。一旁小發財車，一對老夫老妻賣著三把玉荷包、幾包落花生和十多顆大西瓜。五月底，一些早發的玉荷包已經迫不及待上市了。去年荔枝生長因為天候關係，產量極為稀少，今年應該可以期待。

荔枝阿婆說這是他家田頭唯一的荔枝樹所收成的，十五年的樹齡，過去產量不多，今年第一次長得「夠賣」，往年長得稀疏僅夠自己吃。我買了兩把，也問旁邊的落花生怎麼賣？自己種的，昨天採收，一包兩斤半一百元。她教我回家煮來吃，鍋水裡加鹽，約一個多小時花生仁就軟綿鮮甜。一次吃不完的分包放凍箱，下次不用解凍直接吃，口感、滋味都鮮甜。兩位老人家都是七十七歲，家住善化。閒聊中，知道他們再一個小時後，就要回家採收花生了，梅雨季農事更忙碌，許多作物必須搶收……對於眼前這樣的小農，其實就是我每次走訪小鎮市場最大收穫。

我自己開闢兩處菜園，一處種菜一處種番茄

二〇二一年夏天，我開始在都蘭山下種植苦瓜、絲瓜、小黃瓜和秋葵，新手上路，收穫意外地豐盛。其實台東都蘭的土地不算肥沃，正確地說，如同阿美族語「都蘭，是石頭很多和地震頻繁的地方」，從都蘭山脈山腳到太平洋濱海之間的距離約四公里，近年我常隱居其間。多年前這片土地以種植玉米、鳳梨為主，也有部分稻田。不過近十年，種植釋迦成了主流，偶爾看到有人栽植酪梨。

算是新手的幸運吧，瓜瓜家族花朵盛開，我聽從鄰人建議進行有機肥料，有機肥料買自位於台11線街道上的都蘭農會，毫不手軟地施灑，也積極地在夜間捕捉為數驚人的蝸牛。看著瓜棚上累累的苦瓜、絲瓜一天一天長大，終於體驗農民豐收的喜悅，也約略知道白居易所說「田家少閒月，五月人倍忙」，他還說「夜來南風起，小麥覆隴黃。婦姑荷簞食，童稚攜壺漿」。

我是玩票的小小瓜農，意外地豐收，讓我想起成語「穰穰滿家」，但這也造成了我們小困擾，因為幾天採收一次的絲瓜、苦瓜「自己來不及消化」，總贈給鄰居分享，第二次、第三次之後，大家就說：「哎呀，上次你給的，我們還都沒煮呢！」滯銷了，哈哈果然瓜熟是非多。

秋葵是夏天的東西，我們種了八株一路排開，從盛開的黃花開始期待，漸漸有了一些嫩果羞怯長出，這些小小的綠色美人指，隻隻朝向天際。剛開始收成，滿心喜悅，汆燙冰鎮，當是沙拉的一部分，久了，也吃膩了。一些蒴果來不及採收，就索性讓它老化。

我做了實驗：成熟的秋葵，取出種子炒熟、磨粉，再以手沖咖啡的濾紙模式沖泡，可成為「偽咖啡」，當是咖啡的代用品。它具有較好的提神作用，且不含咖啡因，至於滋味如何？介於重焙的茶與輕焙的咖啡之間，特有的果香，沒啥酸氣，卻有一種微妙的輕苦，甘醇潤喉。

十月天寒前，我種蒔了三種番茄：牛番茄、橙蜜香、小蜜。番茄是我童年的初試種植，五十年歲月過去了，如今摘下一顆顆紅鮮番茄，不水洗，直接在袖子擦乾淨後，一口咬下，汁液滿口，具涼、甘酸、微甜……人生一快的樂趣體驗。童年的印象深遠，沒想到退休生活，能再用竹篩收穫滿滿自己手植的番茄，有重溫舊夢，有時和歲豐，更有安居樂業的充實感。

二〇二二年九月，我費了一番工夫，做了土壤改良，大約四坪地，隴隴之間，我以大大竹節橫躺，兩三根竹子疊起約有二十公分高，當是土壤圍籬。其中撿去小石頭，填入大量來自濁水溪的培養土。我的小農生涯要「擴大營業」了，這次種了羅勒、辣椒、韭菜、青蔥、萵苣、皇宮菜、羽衣甘藍、蘿蔓……冬天，是水菜的季節，我嘗試新挑戰。

所謂「水菜」不是某個專有蔬菜名稱，而是「種植過程中，畦面要常常保持濕潤」，並非把青菜泡種在水裡，而是這些冬季蔬菜多是要勤快澆水，水量不能太多，所以土壤的排水性要好。反正，施肥與澆水是關鍵，至於夜裡拿著手電筒抓蝸牛則是耐性。

皇宮菜第一次收成，先是薑絲煸香，菜段大火快炒，調味，起鍋前淋上些許麻油提味，簡單翻炒，立刻裝盤　這是家常味，日子的小趣味就是這樣經營的。

與栽種維持親密關係，我以為那是遠離憂鬱症的方法之一

栽種閑事，我自嗨，樂在其中，主因是喜歡看著它們每天不同的成長變化，從小小脆弱的

苗葉到枝葉葳蕤；從風中顫顫小花到瓜果沉沉的過程，那是很直接的生命演進，之後葉老枝枯，一個季節就完成了一個生死循環。然後，期待下一季「要改種什麼呢？」

《農夫哲學：關於自然、生死與永恆的沉思》，作者洛格斯頓在病中思考、在田地與花園寫作。他的哲理與文字，有撫平那些生命已經起了皺褶的力量。他跳脫許多心理師的分析與理論，僅是說說一些種在田地與花園的「農夫哲學」。這本書是我近年喜歡閱讀的生死學之一，作者說在大自然裡，生死即日常，是時時刻刻搬演的劇碼，而農夫天天在幫助植物生命的誕生，又在幫助它們結束生命。

我在栽種之中，也在學習生命中種種課題。

前一陣聽到一位失聯很久的舊友，從住處墜落自殺身亡，因為憂鬱症……從轉述得知，他近幾年在別人面前依舊開朗，話語中也滿積極正向的。其實，心理學家提醒我們，並非所有罹患憂鬱症者都是表現得消極、失落、哀傷……我們往往忽略了這些外觀積極正向、開朗多語的隱形病患。目前，「微笑憂鬱症」並非正式疾病名稱，但是在臨床上，許多身心科醫生也發現，他們不具有典型的憂鬱症狀，甚至缺乏病識感，於是許多時間被耽誤了。

關於憂鬱症的描述有許多，我們非當事人，所以看著這些陳述的症狀，總無法「感同身受」，不能理解「為何不能想開一點？」韓劇《我們的藍調時光》裡的閔宣亞受憂鬱之苦，沉重的情緒，她演來入木三分，連我們觀劇的人也是滿滿無力感。故事中，閔宣亞與丈夫離婚，她也失去孩子的監護權，無法擺脫憂鬱症發病的痛苦，不斷地大哭、整天吃不下飯，無法控制自己。

直到她向東昔說出：「就是總覺得身上好像蓋了一床濕透的棉被，而且眼前會一片漆黑，就算在這種燈火輝煌的地方，只要憂鬱症一發作，我也什麼都看不到。」這個有點文學的論述，我終於懂得了憂鬱症被困在一床濕被子的感覺……這是我第一次懂得「憂鬱，原來是如此感受」。

《我們的藍調時光》故事設定在有蔚藍海岸的濟州島，劇中角色的大小故事，包含閔宣亞的悲傷遭遇，編劇總能輕輕、娓娓地訴說著：「人生並非時時刻刻都是美好，就像蔚藍大海，美麗卻也危險。」然而，我們要如何脫困？或是遠離危險？對於罹患憂鬱症，精神科醫生說吃藥、運動、去遠方旅行脫離現在的生活場景……我說，栽種或許也是辦法之一。

我樂在花果、莊稼的成長過程，也向它們學習生命。這也是為何我的閑情四事有它，澆水、施肥、除去蟲害，然後在陽光下，手指觸摸著鮮綠硬挺的葉片，等待收穫。

我的閑情四事：繪製插畫

退休前，我的宣言是「寫作是我的勞動」，也說「我用寫作的內容，來決定我的生活方式」。因為多了閑情四事的領悟，我想「以後的作品，多來一點手繪插畫吧！」就把插畫的工作當是閑情與學習吧。

所謂「幸福任務」，只不過是在生活裡「尋找與學習」更好的自己。

關於寫作勞動，我算是勤快的。我分析「自己所為何來」，答案模糊，直到讀了《農夫哲學：關於自然、生死與永恆的沉思》作者洛格斯頓說：「面對死亡威脅，我跟蘋果樹一樣，嚇得只想抓住機會提高產量。」我想，我懂了。

都蘭院子裡，有一株高聳的蘭花楹，今年六月依舊沒有看到花蹤。我私訊了一位樹醫生好友，問他怎麼辦？「太肥沃了，逆境處理一下。」他近一步建議：「在開花三、四個月前，強剪或在樹幹砍幾刀。嚇它，讓它以為要死了。」面對死亡威脅，蘋果樹、蘭花楹等花樹，它們往往都會「奮力最後一搏」，這是生命基因的設定。

退休前，我寫了《孤獨管理》，其中有「餘命管理」篇章，談到面對孤獨，掌握退休主導權，刻不容緩。然而當生命開始倒數，「筆耕不輟」或許是我能做的事，如同讓老樹多長幾顆蘋果、多綻放濃豔漂亮的藍紫花。於是，我的書寫以每年一本的速度前進。

我曾在《哲學樹之旅》《節氣食堂》二書裡，自己包辦了插畫工作，事後受到讀者的「物超所值」反應，我知道我做對了……雖然工作量陡升，但是閱讀者的歡喜回饋，讓我有了「繼續畫下去」念頭。繪製插畫是工作，但是創作與自戀，絕對是閑情之事！

花梨木
玉檀木
歐洲赤松
穗甘松

11 及時行樂，因為明日不可盡信

昨晚在台南中成路上的「知味餐廳」有酒宴，兩大桌。我預感熱情好客的好友 Stanley 必然準備「一堆好酒」。赴宴前，我要先設定「今天微醺的底線」，否則「無法全身而退」。傍晚五點四十分，我叫了計程車……樂然赴宴，因為秉持著一個大理由「人什麼時候開始變老的？」

當他停止吃喝玩樂，就開始老化了。

菜色細膩精采，許多朋友一年多未見，加上酒精影響，整晚瀰漫著歡笑愉悅的感覺。眾人到了中場，已經不知現在杯中的紅酒，是哪個莊園的？是如何的風土氣味？大家的舌頭都變大，嗓門也大聲了，臉都紅了。

如果當晚李白也在場，他肯定也會起哄，高舉酒杯說：「人生得意須盡歡，莫使金樽空對月。」他喜歡鬧哄哄的酒宴，每當一群好友有樂事，他總不遺餘力勸酒，曉以大義：「勸君莫拒杯，春風笑人來。……君若不飲酒，昔人安在哉！」想想那些古人吧，現在他們都在哪裡了呢？你怎麼可以還不喝？何況現在正是春風盈盈，它們暢笑著歡迎著我們呢。

咦？你怎麼還推遲，罰酒三杯！

〈將進酒〉的李白說：「哥喝的不是酒，是快樂！」

「罰酒三杯」典故記錄在《永樂大典》。

第一則。春秋時期，晉平公前去弔唁「晉國首席大夫」智悼子的去世。還沒出殯下葬，晉平公已經開始在自家寢宮喝酒享樂，甚至奏樂助興。廚師長杜蕢從外回來，聽到編鐘聲，前去，倒了三杯酒，對陪酒的兩個人說：「師曠，第一杯罰你；李調，第二杯罰你；第三杯罰我自己。」喝完，不發一語，然後離席而去。

晉平公納悶，把杜蕢叫回來，問：「你怎麼回事？」杜蕢說：「你看你身邊這兩位臣子，一個是太師，他忘了自己教導君主的本職，還在這陪你吃喝，該罰。一個是你的寵臣，他為了這點口腹之慾，慫恿你不講禮數，該罰。我僅是一個宰夫（主管國君膳食的小官），管了不該我管的事。我們三個都該罰。」晉平公回說：「說得好，你也罰我一杯吧！」

杜蕢可沒慣著他，他把杯子洗了乾淨，舉起空杯子，給晉平公拜了拜。這是成語「杜蕢揚觶」的由來。那時候的酒具不叫「杯」，是一種叫「觶」的酒器。後話，晉平公對侍從們說：「有天我死了，千萬不要丟棄這酒杯啊。」直到今天，當人們敬完酒後，會高舉酒杯致意，叫作「杜舉」。

我以為晉平公與臣子在此時間點共飲，非及時行樂，失禮失格，所以他被「釘在」歷史的「失君道」教材。及時行樂，必須智慧判斷有所為，有所不為，並非我喜歡就可以，它還是有一道紅線。

第二則。西漢時期，漢景帝的同母弟弟梁孝王，他創設了一座多功能苑囿「梁園」，奇果異樹，園區綿延數十里。梁孝王常常在此舉行宴會，招來文人墨客同歡，他在宴席中會出題目讓大家吟詩作賦，如果寫不出來的人，要「罰酒三升」，一代名臣韓安國曾經被罰酒三升。

另外一位大作家司馬相如，曾經在梁園住過很長的時間，跟許多食客一樣不愁吃喝。但是另有抱負的他，有概謂：「梁園雖好，不是久戀之家。」此話指一切繁華快樂的場所，都不如自己的家鄉那樣值得留戀。後來也形容一個地方雖然舒適，但非久留之地，要儘快離開。

如果你有梁園門票，以為就此可以無限暢飲，這是頹廢式地占人便宜，吃喝無盡，非及時行樂。人在江湖，有借有還，沒有白吃的午餐。

第三則。西晉時期的大仕紳石崇，有次他送別征西大將軍王詡，在自家「金谷園」別墅辦了個送別宴會。他建議，歡樂現場讓大家寫詩作賦，以顯風雅之氣。而寫不出來的，規定要「罰酒三勝」。大伙轟然同意，有了這個遊戲規矩，就是有了鬧酒的機會，當天大家喝起酒來更興高采烈。

大家狂喝，似乎賓主同樂。但是酒量到了一個程度，鬧酒灌酒就成了虐待與出糗了。當時參加酒宴的一些武將，寫詩作賦絕對不是他們的強項，所以喝到最後肯定翻臉。這次的酒宴，確實造成日後石崇被殺與愛妾綠珠跳樓的悲劇。及時行樂，要適可而止，把你的快樂建築在別人的痛苦，那絕對會有後遺症。

第四則。新婚不久的李白，有幾位從四川來訪的堂兄弟，他在桃樹李樹開花燦爛的院子設宴。在如此美好的春夜，兄弟把酒賦詩言歡，暢談盡興。李白寫了一篇駢文〈春夜宴桃李園序〉，感嘆光陰飛逝，浮生若夢，應及時行樂，他說了：

夫天地者，萬物之逆旅也；光陰者，百代之過客也。

天地，是萬物寄存的客舍。所謂光陰歲月時間，不過是千年百代的匆匆過客。

而浮生若夢，為歡幾何？古人秉燭夜遊，良有以也。

漂浮不定的人生，死生之差異，就好像夢與醒之不同。盡情歡樂能有幾時呢？古人他們在春天的夜間，會手執蠟燭遊玩實在是有道理啊。

況陽春召我以煙景，大塊假我以文章。

況且春天正用豔麗景色召喚我，大自然把各種美好的形象賜予我。

會桃花之芳園，序天倫之樂事。

在春夜，大伙兒相聚在桃花飄香的花園中，暢敘兄弟間快樂的往事。

群季俊秀，皆為惠連；吾人詠歌，獨慚康樂。幽賞未已，高談轉清。

弟弟們英俊優秀，個個都有謝惠連（謝安幼弟謝鐵之曾孫，謝靈運之族弟）那樣的才情。而我作詩吟詠，卻慚愧不如謝靈運（南北朝的文學名家，山水詩的肇始人）。清雅的賞玩興致正雅，話題從高談闊論轉向清言雅語。

開瓊筵以坐花，飛羽觴而醉月。不有佳詠，何伸雅懷？如詩不成，罰依金谷酒數。

在桃花園擺開筵席，坐賞名花，快速地傳遞著酒杯，微醺在銀輝月光之下。沒有好詩，怎能抒發高雅的情懷呢？立下遊戲規則，如果無法吟詩創作的人，那麼我們要罰酒「金谷之數」。就是罰酒三杯！

〈春夜宴桃李園序〉是經典佳文，他以宏大情景開篇，將天地比作旅館，而萬物則是匆匆忙忙的過客。而李白兄弟們月下喝酒，吟詩競技，確實是及時行樂的真諦。

〈四時樂〉是古人的生活雅逸的四季，都是及時

因為李白在春夜秉燭夜遊，引發千年來，文人墨客的欣羨，大家好奇對其他季節，誰又樂在其中？領得風騷？年輕時曾經閱讀過明代的樂曲〈四時樂〉，詞句中提到：

春時，要讀李太白的〈桃園序〉，牛衣醉月，秉燭夜遊；
夏時，要讀王羲之的〈蘭亭序〉，茂竹修林，玉帶清流；
秋時，要讀歐陽脩的〈秋聲賦〉，星月皎潔，銀河橫秋；
冬時，要讀孟浩然的〈興雅志〉，踏雪尋梅，詩酒相酬。

記得中學時，國文課本有《四時讀書樂》篇記，四季各有一闋七律，優美無比，但因為年輕無法理解詩句的「天我合一」境界。僅熟記了幾段文字，卻偶爾出現在日後的生活中，也算是潛移默化，沒白讀了。這篇文章的作者是宋末元初的翁森，宋朝滅亡之後隱居浙江仙居縣鄉里，不追求仕途，以「儒家的文化種子」為使命。他開辦書院授徒，規模頗具，

不是一般的私塾，而是有三十座房舍的「安洲書院」。這位書院創辦人，他積極宣揚讀書的高雅情趣，把一年四季視為都是讀書的好時光。這也是另一番的「及時行樂」境界。

山光拂檻水繞廊，舞雩歸詠春風香。
好鳥枝頭亦朋友，落花水面皆文章。
蹉跎莫遣韶光老，人生唯有讀書好。
讀書之樂樂何如？綠滿窗前草不除。

「春」：整首詩的難度不高。山間的陽光照在堂外的欄杆，流水淙淙繞過長廊。在溪水裡沐浴，到舞雩臺上吹風，然後唱著歌兒回家的人們，聞著春天的花香……讀書的樂趣是怎樣的呢？綠滿窗前草不除，這是我年輕時嚮往的自然境界，窗櫺外有綠草葳蕤，一派茂盛。

新竹壓檐桑四圍，小齋幽敞明朱暉。
晝長吟罷蟬鳴樹，夜深燼落螢入幃。
北窗高臥羲皇侶，只因素稔讀書趣。
讀書之樂樂無窮，瑤琴一曲來薰風。

「夏」：初長成的竹子斜倚，像是壓著掩屋檐，屋子四周種滿桑樹。我的小書齋安靜敞亮，照入燦爛的陽光……哎呀，這樣的書房環境令人豔羨。讀書的樂趣是無窮的，好似沐浴著煦暖南風，再用瑤琴來彈奏一曲。不為什麼功名利祿而讀書，不為什麼高深學問而孜孜不倦，這樣一曲一書，真是其樂無窮。

昨夜前庭葉有聲，籬豆花開蟋蟀鳴。
不覺商意滿林薄，蕭然萬籟涵虛清。
近床賴有短檠在，對此讀書功更倍。
讀書之樂樂陶陶，起弄明月霜天高。

「秋」：昨夜聽到了庭前樹葉落下的聲音，籬笆上的紫豆花開了，蟋蟀鳴叫清亮。不知不覺，園林已處處瀰漫著秋意。床邊有一盞矮燈，我挨近蹭著它，這時讀書好像效果加倍。在如此高遠的秋夜，起身賞月，這也是讀書樂趣之一。我以為，夜間寂然讀書，讀倦了，偶爾走出書齋，如果沒有月光，星空果真看得透，那也是深邃荒涼之中的溫暖，呼吸著秋寒，這是很幸福的時刻，似乎在宇宙中有了定位。

木落水盡千岩枯，迥然吾亦見真吾。
坐對韋編燈動壁，高歌夜半雪壓廬。
地爐茶鼎烹活火，四壁圖書中有我。
讀書之樂何處尋？數點梅花天地心。

「冬」：樹枝斷落溪水低淺，群山顯得枯槁。在這遼闊的天地間，我正可以看清「真我」的本質。「真我」是莊子哲學的概念，它與佛洛伊德的心理學「本我、自我、超我」定義不同。《四時讀書樂》在冬天讀書，是翁森鋪陳了春夏秋三季的讀書樂之後，他意圖說著莊子的「無待」，那是「不受限於在外界，而實現自我」境界。

這個真我，則是我在中年後才體會的道理。

四時讀書樂，以莊子的「逍遙遊」為及時行樂的最高境界

冬季詩中「迴然吾亦見真吾」的「真我」，是「做自己，最自在」，但是定義它很難。《莊子》說「無己」（不僵持於「自我」的定義思考），其想法非常有趣，不直言自我是什麼，反而提出「愈是要做自己，愈是做不到自己」。

來看看《莊子》的無己，有四個層次：

無己的第一層次。《莊子．逍遙遊》的寓言：「知效一官，行比一鄉，德合一君，而徵一國者，其自視也亦若此矣。」意思是：才智足以勝任一個官職，行事可以造福一個鄉里，道德能夠投合一位國君，能夠取信一國民眾的信任。莊子以為，那些把頭銜、名號、標籤視為自我價值的人，雖然他們能夠在工作時合乎職務的要求，品行也合乎一般水平的標準，由於他們能獲得他人的信任，因此自以為這是個人生命的終極目標。有能力、受肯定，努力為公忘私，此為「無己」的第一層次。

無己的第二層次。「舉世而譽之而不加勸，舉世而非之而不加沮，定乎內外之分，辯乎榮辱之竟，斯已矣。」即使全世界的人都稱讚，也不會特別振奮；即使全世界的人都責備，也不會特別沮喪。能確定內在自我與外在事物的分際，辨別榮耀與恥辱的界限。莊子以為，這樣的人，表現還不錯，就是不管別人怎麼想、怎麼說，我行我素，完完全全「做自己」，算是「無己」的一種，但尚未達到真我境界，這不是真的逍遙。

無己的第三層次。「御風而行，泠然善也，旬有五日而後反。彼於致福者，未數數然也。此雖免乎行，猶有所待者也。」有人能隨著「風」，輕妙而行走千里，過了十五天才回來。他的這種幸福能力，世上罕見。雖然可以不用雙腳勞勤走路，但他究竟對風還是有所依賴。駕馭輕風行走，即是比喻他不僵持自己意見的立場，「無己」的一種。但也不否定外界的意見，左右逢源建立自我的價值。莊子以為，此人對「自我」思考，抱持開放的立場，但其開放的立場，卻令他對自我的看法徘徊不定，反而「依待」別人的看法，以至於他實現「自我」的過程中，這個「無己」依然受到外界意見立場的影響，那是一種限制，這不是真的逍遙。

無己的第四層次。「若夫乘天地之正，而御六氣之辯，以遊無窮者，彼且惡乎待哉！故曰：至人無己，神人無功，聖人無名。」若能順應自然萬物的內在規律，駕馭六氣的變化，進而遨遊在無窮無盡天地中，那就是所謂「無待」的人了。莊子以為，此一層次，既不視外界為自我的對立，也不受限於外界意見的依附，這才是真正能夠做自己的人。我以為此乃逍遙遊，就是「真我」本意，也是「無己」最高境界。

無待，不受限於在外界而實現自我。無己，則是過程。「真我」的這個層次，要訣是：不執著「自我」的範圍定義。當我們不再執著「什麼是自己，什麼不是自己」的思考方式，不要預設定義自己是什麼，也不要排除任何可能性，才有真正做自己的可能。翁森說「數點梅花天地心」，也是說「思想這件事，及時領略，自在自樂」，「真我」自然相隨而來。

及時行樂，並非今朝有酒今朝醉

有人買了新衣服，捨不得穿，總覺得哪一天有重大事件，才拿出來，慎重地穿上。可是這種場合不知猴年馬月才會發生，於是這件衣服尚未亮相，它就老了、舊了、退流行了。有人買了小家電，上面貼有店家為了保新、防塵的膠膜，開始使用它，卻捨不得撕去，期待能長時間維持新穎。可是如此一來，就必須忍受膠膜的磨損霧面感，完全無法享受新品的光鮮亮麗。

更慘的是一些小吃店，一些新添置攤架或不鏽鋼架，他們捨不得（或是不知道）撕去膠膜，以為只要小心地使用，不去刮傷表面，東西就能一直保持下去，「改天撕下來，會跟新的一樣」。他們願意在新購的前幾年，忍受視覺的突兀，留下那層黑底白面的膠膜。孰不知膠膜會老化、劣化，當要撕去之際，黏膠已經頑強留在不鏽鋼板上，慘不忍睹。何況，在未撕去它之前，膠膜長期受到光害氧化、水火衝擊、刷洗折騰，整座攤架顯得磨痕慘淡，沒有精神，甚至浮凸的泡點……以為可以新兩次，結果從來沒有光鮮過。

羅馬詩人荷瑞斯（Horace）曾經勸人：「及時行樂，因為明天不可盡信。」

「活在當下」的想法似乎古今中外皆然。愛因斯坦有一好友去世，他安慰著好友的家人說：「現在他已經離開這個奇怪的世界，跑在我前面一點點。那不代表什麼。像我們這樣相信物理學的人，我們知道過去、現在和未來的區別，只是一種揮之不去的幻覺」。《金剛經》有「過去、現在、未來心不可得」之說，禪宗則說：「如今不歇，更待何時。能盡今時，更有何事。」

《傳燈錄》有一故事：會元和尚師徒二人趕路，到了河邊看見一女子待渡，無船無橋，老和尚二話沒說就背著那女子涉水渡過河去了。回到寺廟，小和尚忍不住問老和尚：「出家人禁近女色，師父為何要背那女子？」老和尚正色道：「我早就放下了那女子，過了河，你怎麼還背著？」老和尚的心早已隨之放下，隨風而逝，不再罣礙過去，小和尚則仍拘泥於心，無法跨越。

杜秋娘的詩句「花開堪折直須折，莫待無花空折枝」；《古詩十九首》裡「生年不滿百，常懷千歲憂……為樂當及時，何能待來茲？」禪宗的「活在當下」，說的是，愁是一天，喜也是一天，不鑽牛角尖，舒坦面對每一天每一刻，知足也自在如意。宋朝慧開禪師，他對「無」參透了六年，著作了《禪宗無門關》，其中〈平常是道〉有一段耳熟能詳的「春有百花秋有月，夏有涼風冬有雪。若無閑事掛心頭，便是人間好時節」。平常，就是道。

「當下」有佛家的禪意，沒有懊惱「早已不存在的過去」，也沒有憧憬「根本還沒發生的未來」。去除馳騁於外的心念，專注當下所做的事。「活在當下」的真諦，不只是追求當刻的享樂，而是說「生活態度」。那是一種讓人能夠不受擔憂所束縛，不論順境逆境，都能全心地享受當下的心態。它重視的不是外在的物質享受，而是內在的平靜和專注。

對莊子而言，則是把「行樂」之「樂」提升至精神上的愉悅，靈性上的滿足。所謂「逍遙之樂」，非關享樂主義的「歡愉」。至於「當下」與「及時」，意義上最大的公約數：不論當下的逆境為何，都能隨順處理，安心自在。

「及時行樂」，拉丁文說 Carpe Diem，英文說「People should enjoy the present rather than worrying about the future.」，「樂在現在，比憂慮未來重要」。哲學家則說：「現在，就是最好的安排。」

人永遠不知道無常和明天哪一個先到。

學會活在當下，遠離反芻思考的糾纏

人們常常為已經發生了的事而感到後悔、懊惱；又對充滿不確定性的未來感到憂慮。在心理學中，這種無法被控制的念頭，稱它為「反芻思考」（Rumination），定義是指「過度沉溺於某些負面情緒，反覆想著過去的事。」

因為長期反芻思考，容易引發焦慮症、抑鬱症等精神健康問題。很多人的生活就被這些煩惱所困擾，無法真正地品嚐當下五官的美好感受。關於「活在當下」哲學，心理諮商師總建議人們要從這些憂慮中抽離，去享受當下的感覺，減少對過去的執著、對未來的擔憂。話是如此，但談何容易。

二〇二二年十一月從網路新聞得知，二〇一四年參加義大利好聲音（The Voice）的二十六歲修女克莉絲蒂．史庫夏（Cristina Scuccia），在奪得比賽冠軍八年後，三十四歲的她宣布還俗了。當年她參加比賽，我與其他一億觀眾，在 YouTube 觀看她令人驚奇與驚喜的歌唱表演。

如今，她在西班牙餐廳擔任服務生。之所以會還俗，原因之一是父親的去世，之二是當年爆紅讓她陷入危機、迷失了生命方向，困惑「自己是誰」。「沒有在修女袍下找到自己」的她，自此尋求心理治療，過程中，她發現必須有勇氣傾聽自己的內心。她說前後十五年的修女生涯，深深感受：

改變是進化的象徵。而我一直對改變很害怕，因為固定在確定的事情上，比懷疑自己更容易。……「修女克莉絲蒂・史庫夏」仍在我的心中，十五年來我經歷了美妙的旅程，但同時也是複雜困難的旅程，那是我最美好的歲月。

修女克莉絲蒂．史庫夏是一個例子。放下對過去的執著，也拋開對未來的擔憂，她開始想要感受自己當下的「心」。對於「改變」，我們都知道是必須的，但是真正面臨之際，大多人往往是卻步的。然而，要如何感知「當下」？如何進行改變？過去，我們講究效率，努力追求速成，卻忽略了生活細節。其實，那些微不足道的細節，才能讓我們的生活變得更加完整。所謂「當下」，就是「心」安住於當下一刻，且時時刻刻都能如此。

它是一種「把心靜下來，細細品嚐」的態度；
它是一種「當主題是單純的時候，細節必要豐富」的創作；
它是一種「會有和諧性與寧靜感」的境界。

兩位一九二三～二〇一四年的九十歲女作家，和她們的靈魂

納丁・戈迪默（Nadine Gordimer）是南非女作家，一九九一年獲頒諾貝爾文學獎。她九歲開始寫小詩和小故事，十五歲有《昨日再來》短篇小說，之後著有《無人伴我》、《七月的人民》、《戀愛季節》、《哭泣吧！親愛的祖國》……等作品。

有人形容她是「來自黑暗大陸的良心」。文章介紹她「南非種族政治的解放、黑白種族隔離政策的廢除、黑人精神世界的風拂雨露、黑白關係的情愛糾葛，都無法離開納丁・戈迪默一生的作品與社會活動。她為南非那種階級上下、白肥黑瘦的『兩色社會』做出了極度寫實的藝術性描寫。」

在諾貝爾文學獎的得獎致詞中，對於過往長期的奮鬥與爭取，對於未來的展望，納丁・戈迪默引用了南非詩人蒙加納・塞若特（Mongane Serote）的詩：

我們一頁頁翻過彼此的面容，
我們閱讀每一瞥凝視的眼神，
……得以這樣做，已耗費了幾世幾生。

另外一位德國詩人艾莉・米許勒（Elli Michler），與她同年出生，同年去世，也活了九十歲。她倆同時完成了文學史重要的時代書寫，一個是社會大愛的詩人，一個是靈魂自愛的詩人。艾莉・米許勒有〈我用時間祝福你〉一詩：

我不送你禮物
我只送你，大多數人沒有的東西
我用時間祝福你
祝你有時間快樂和開懷大笑

如果你妥善運用，你能用它做出一些東西

我祝你有時間行動和反思
時間不僅是為了你自己，也是為了給別人
祝你有時間——不用它來庸庸碌碌，終日奔波
而是用它帶來滿足

我用時間祝福你——不要輕易讓它流逝
我希望你有足夠的時間領受奇蹟與信任
而不只是匆匆看一下手錶
祝你有時間凝視星空
有時間讓事情水到渠成
祝你有時間去盼望、去愛
推遲，是沒有意義的

祝你有時間找到自己
在每一天和每一小時裡看到幸福
祝你有時間原諒
祝你有時間好好生活

法國哲學家雅克．馬利坦（Jacques Maritain）所言：「『詩』來自一種靈魂深處的力量，詩人的職責就是承諾返回那個靠近靈魂中心地帶的隱蔽之處。」納丁．戈迪默就是這樣一位詩人，她給讀者一種努力攀爬人類精神高原的熱情，帶領人們重回歷史「無私共享」的詩性居所。

而我以為艾莉．米許勒，她給讀者一雙翅膀，去呼應我們的靈魂任務，和安慰過度疲勞的苦難。她的文字，充滿著「把心靜下來」的強大力量，如果心靜下來了，我們就能慢慢看清自己，看清自己所有的行為，珍惜眼前的當下。即使是一杯清茶、一輪明月、一朵花蕾、一抹微笑、一道光影……當心靜下來，就會改變、就會省思往內、就會行樂往外、就會少去一些痛苦。

原來如此

幸福是樂齡者唯一的任務

看世界的方法 232

作者　王浩一
攝影　林煜幃

封面設計　兒　日
責任編輯　林煜幃

董事長　林明燕
副董事長　林良珀
藝術總監　黃寶萍

社長　許悔之
總編輯　林煜幃
副總編輯　施彥如
美術主編　吳佳璘
主編　魏于婷
行政助理　陳芃妤

策略顧問　黃惠美・郭旭原・郭思敏・郭孟君
顧問　施昇輝・林志隆・張佳雯・謝恩仁
法律顧問　國際通商法律事務所／邵瓊慧律師

出版　有鹿文化事業有限公司
地址　台北市大安區信義路三段 106 號 10 樓之 4
電話　02-2700-8388
傳真　02-2700-8178
網址　http://www.uniqueroute.com
電子信箱　service@uniqueroute.com

製版印刷　沐春行銷創意有限公司

總經銷　紅螞蟻圖書有限公司
地址　台北市內湖區舊宗路二段 121 巷 19 號
電話　02-2795-3656
傳真　02-2795-4100
網址　http://www.e-redant.com

ISBN：978-626-7262-20-7
初版一刷：2023 年 6 月
定價：400 元

國家圖書館出版品預行編目 (CIP) 資料
原來如此：幸福是樂齡者唯一的任務
王浩一著 . -- 初版 . -- 臺北市 :
有鹿文化事業有限公司 , 2023.06
面；　公分 . -- (看世界的方法 ; 232)
ISBN 978-626-7262-20-7(平裝)
1.CST: 老年 2.CST: 生活指導
554.8　　112006811